Andreas Steffens · Vorübergehend

Andreas Steffens

Schriftsteller und Philosoph, 1957 in Wuppertal geboren; Wanderschaft zwischen Philosophie, Literatur und bildender Kunst; 1980-1990 Mitbegründer und -betreiber der Galerie Epikur, Wuppertal; 1989 Promotion an der Heine-Universität Düsseldorf; 1990 – 2002 Wohnsitz in Paris; 1995 Habilitation und Privatdozentur an der Universität Kassel; Schwerpunkte in Lehre und Forschung: Historische Anthropologie, Kulturtheorie, Ästhetik.

Zahlreiche wissenschaftliche, kunstkritische und literarische Veröffentlichungen; 2001-2004 eigene Kolumne »*Fundstücke*« in *neue deutsche literatur* (Aufbau-Verlag Berlin); Essays, Kritiken und Reden zu Kunst und Künstlern

Bücher: *Das Innenleben der Geschichte. Anläufe zur Historischen Anthropologie* (1984); *Nach der Postmoderne* (Hg., mit Christine Pries und Wilhelm Schmid), Bollmann Verlag: Düsseldorf 1992; *Poetik der Welt*, europäische verlagsanstalt: Hamburg 1995; *Philosophie des 20. Jahrhunderts oder Die Wiederkehr des Menschen*, Reclam-Verlag: Leipzig 1999; *Petits fours*: 13 Radierungen von Annette Lucks zu Aphorismen, München 2003; *Glück. Aspekte und Momente*, NordPark Verlag: Wuppertal 2009; *Petits Fours. Aphorismen.* NordPark Verlag: Wuppertal 2009; Eva Bertram, *2 Ein Kind,* Hatje Cantz Verlag: Ostfildern 2010; *Gerade genug. Essays und Miniaturen.* NordPark Verlag: Wuppertal 2010; *Selbst-Bildung. Die Perspektive der Anthropoästhetik.* Athena Verlag: Oberhausen 2010

1987 Preis der Stiftung zur Förderung der Philosophie

2009 Kultur-Preis der Springmann Stiftung

Andreas Steffens

Vorübergehend

Miniaturen zur Weltaufmerksamkeit

NordPark

Bibliografische Information der Deutschen Nationalbibliothek
Die Deutsche Nationalbibliothek verzeichnet diese Publikation in der
Deutschen Nationalbibliografie; detaillierte bibliografische Daten sind
im Internet über http://dnb.d-nb.de abrufbar.

Originalausgabe
2010
© Andreas Steffens
© NordPark Verlag, Wuppertal
Titelbild: Annette Lucks,
»Die Wellen.«, Acryl/Papier, 1999, VG Bild
Umschlaggestaltung: MCG, Luzern/Berlin
Gesetzt in der Garamond und Cronos
Herstellung: Books on Demand GmbH, Norderstedt
Printed in Germany
ISBN 978-3-935421-54-6

NordPark Verlag · Klingelholl 53 · D-42281 Wuppertal
www.nordpark-verlag.de

Inhalt

Vorsprüche, geliehen

Die großen Probleme liegen auf der Gasse.

Friedrich Nietzsche
›Morgenröthe‹, 2. Buch, Stück 127

Die tiefsten Geheimnisse liegen in dem Gemeinen,
dem Alltäglichen.

Ludwig Feuerbach
›Das Wesen des Christentums‹

Werdet Vorübergehende!

Apokryphes koptisches Thomasevangelium

Die Vorübergehenden wolltest du sehen;
denn es war dir der Gedanke gekommen,
ob man nicht eines Tages etwas machen könnte
aus ihnen, wenn man sich entschlösse, anzufangen.

Rainer Maria Rilke
›Die Aufzeichnungen des Malte Laurids Brigge‹

Der Mensch wird in der Welt nur das gewahr,
was schon in ihm liegt;
aber er braucht die Welt,
um gewahr zu werden,
was in ihm liegt;
dazu aber sind Tätigkeit und Leiden nötig.

Der Deutsche hat eine ungeheure Sachlichkeit
und ein sehr geringes Verhältnis zu den Dingen.

Hugo von Hofmannsthal
›Buch der Freunde‹

Absichtserklärung

Verschiedene Lichter fallen auf das Alltägliche,
flecken es leopardenartig und machen es seltsam.

Virginia Woolf
›Die Wellen‹

Auch eine Medienwissenschaft

Die Welt ist das Medium, worin wir leben, schrieb Sören Kierkegaard am 2. August 1847 in sein Tagebuch.

Ein schöner Satz, wie man ihn gerne zitiert, für Vorworte wie gemacht – und mit der ganzen Schönheit philosophischer Sätze belastet, denen man ihre Wahrheit als unmittelbar einleuchtend sofort zuzugeben bereit ist.

Solche Schönheit aber ist auch ein anderes Wort für Belanglosigkeit.

Philosophie beginnt, wenn derartige Wahrheiten, die mit der Stumpfheit des unmittelbar Einsichtigen geschlagen sind, ernst genommen werden: was bedeutet es, daß es sich so verhält, wenn es so sein sollte?

Wollen wir wissen, was unser Leben ausmacht – und daß wir dies wirklich wollen, ist selbst gar nicht sicher –, so müssen wir, das besagt Kierkegaards Satz zunächst, die Welt kennenlernen wollen. Aber wir müssen sie schon kennengelernt haben, um auf die Frage überhaupt zu kommen, was unser Leben denn sei. Denn diese Frage stellen zu können, heißt nichts anderes, als in der Erfahrung der Welt bemerkt zu haben, daß es mit dem Leben in ihr nicht ganz stimmt. Mindestens das. Und dazu bedarf es noch gar keiner philosophisch aufwendig ausgerüsteter ›kritischer Einstellung‹. Das sich unablässig ereignende Spiel zwischen unseren Wünschen und den Begebenheiten unseres Lebens sorgt dafür schon ausreichend. Aber eben noch nicht hinlänglich, um daraus Einsichten werden zu lassen, die in dieses Spiel mit Aussicht auf Wirkung eingreifen könnten.

Man wird also, folgt man Kierkegaards Hinweis weiter, die Erfahrungen des Lebens, und nicht nur die des eigenen, beschreiben müssen, um die Welt zu verstehen, die sie uns zu machen aufgibt.

Trivialitäten, gewiß. Aber seit die Wissenschaften sich ins Selbstläufertum der Techniken hinein nahezu aufgelöst haben, an Erkenntnissen also nicht länger wirklich interessiert sind, hat ihr Hochmut, auch eine Wissenschaft sein zu wollen, die Philosophie zu strafen begonnen, indem ihr nun nur noch übrigbleibt, zu erproben, wie weit es mit dem her ist und was es mit dem auf sich hat, was ›man‹ als Angehöriger der wissenschaftlich-technischen Zivilisation ›weiß‹, da sie selbst nicht mehr über die Mittel verfügt, Erkenntnisse zu gewinnen, weil sie außerhalb der Wirklichkeitsgeneratoren dieser Zivilisation steht. Ein seltener Fall, in dem ihr gerade das umgekehrte Verhalten dazu hätte verhelfen können, ihren höchsten Anspruch auf kulturelle Bedeutung einzulösen, sich der von den Wissenschaften an sie gerichteten Demutserwartung zu unterwerfen. Daß dies ausblieb, spricht nicht sehr für die Solidität ihrer Erfindung der Dialektik.

Weltaufmerksamkeit ist es, um den Kierkegaardschen Leitfaden noch einmal aufzugreifen, was auf die Spuren zu einem Selbst-Verstehen des gelebten Lebens führt, das seine Erfahrungen bedenkt, um dem, was es ist, auf die Schliche zu kommen.

Ihre wichtigste Quelle ist ein gelassenes Vertrauen in die Sinnenfälligkeit. Aufmerksamkeit entsteht, sobald man zuläßt, daß sich etwas in einem bemerkbar mache, sich in einem etwas ereigne, dessen vollkommen unwillkürliches Erscheinen man gewähren läßt, ohne Vorbedacht, ohne Absicht, ohne perspektivische Ausrichtung.

Es war während eines gemeinsamen Besuchs im Folkwang-Museum, als Ulrich Sonnemann vor einem Gemälde Max Beckmanns innehielt und mich mit dem ruhig-unerschütterlichen Urteil überraschte: *Beckmann ist der größte Maler des Jahrhunderts.* Auf meine verwunderte Nachfrage, warum er dies finde, wie er dies begründe, antwortete er nun seinerseits erstaunt: *Wieso warum? Das sieht man.* Die Art, in der er dieses Thema damit abschloß, hatte zur Folge, daß ich bis heute nicht aufhören konnte, darüber nachzudenken, worin genau die Offensichtlichkeit der Beckmannschen Größe besteht, die sie so unbezweifelbar macht.

Man sieht sie, nicht weil man sie in seinen Bildern suchen würde; man bekommt sie zu sehen, wenn man seine Bilder solange aufmerksam betrachtet, daß sie mit einem Mal sehen lassen, was sie sind. Mit dem bloßen Ansehen, wie es alle ausgestellten Bilder immer über sich ergehen lassen müssen, hat das nichts zu tun. Ist man in ihr nur geduldig genug, läßt die Aufmerksamkeit einen plötzlich sehen, was dem Auge gar nicht dargeboten ist, aber in dem erscheint, was es zu sehen bekommt. Dann geschieht eine Entrückung vom Gesehenen hin zum Sichtbaren.

So heißt aufmerksam sein, dem Unscheinbaren zutrauen, Bedeutung bergen oder tragen zu können. Aufmerksam wird man, indem man sich anhält, das Unscheinbare nicht zu übersehen.

Denn ihre wichtigste Bedingung ist die Unwillkürlichkeit ihrer Bewährung. Sie stellt sich nur bei dem ein, dessen aufnehmendes Gemüt sich in einem Zustand der Entspannung befindet. Sie ist vor allem anderen Aufnahmebereitschaft. Jedem Ehrgeiz fremd, der sie so gerne mit witternder Berechnung, mit kalkulierender Vorteilssuche verwechselt, ist die Aufmerksamkeit eine Kunst des Neugierigseins, welches selbst nichts anderes ist als die Offenheit für das Mögliche, das sich an Orten und in Momenten einstellen mag, die sich nicht herbeiführen lassen, der Willkür nicht unterliegen.

Abgewehrter Angriff

Eine Wahrnehmung bringt noch nicht in den Besitz des Wahrgenommenen. Sie eröffnet erst die Möglichkeit, daß eine Weltstiftung beginnt.

Das »Wahrnehmen« ist passiv, keine Tätigkeit. Dagegen setze ich die Aktivität in der intellektuellen Beobachtung: das »Bemerken«.

Die geistige Handlungsweise des Bemerkens erschöpft sich nicht in dem, woran die von seinem Begriff sogleich assoziierte Metaphorik des Sehens denken läßt. Die Bilder sind Ableitungen aus noch elementareren Vorgängen.

Mit dem Bemerken in seinem Doppelsinn von Innewerden und Sich-Äußern eng verbunden, ist das »Nachdenken«: das Bemerken denkt das Wahrgenommene nach.

Entscheidend sind die Übergänge des passiven ins aktive Bemerken.

Die Struktur der »sinnlichen Wahrnehmung« ist die der Reaktion auf einen Überfall, auf das Eintreten des Unerwarteten, sie ist Abwehr, Verteidigung. Eine Wahrnehmung überkommt einen; eine Bemerkung muß man machen.

Die der Wahrnehmung ist die Welt der Indifferenz, die des Bemerkens die der Intelligenz.

Göttergesellschaft

Es war der Denkfehler der vorigen Generation, zu meinen, man müsse sich darum bemühen, die Wissenschaften zu verstehen, um dann die Welt, die von ihnen geprägt ist, verstehen zu können. So wollte jeder sein eigener Gott der Wissenschaften werden: sich den Grund der Welt in der Art ihres Wissens, ihres Gewußtseins aneignen.

Wir haben zu lernen, daß dies der sicherste Weg war, die Welt zu verlieren. Ihre Erfahrung besteht für jedermann aus den Phänomenen, die sie wahrzunehmen gibt, ohne daß man das Wissen kennt, das den Vorgängen zugrunde liegt, die sie hervor- oder in ihre Form bringen.

Man muß sich diese Erfahrung der Welt aneignen.

Nur dadurch, nur durch eine sekundäre Unmittelbarkeit erhält man Zugang zu dem Wissen, das ihr Grund ist. Die Wissenschaft selbst ist nicht für sich, nicht als reine Wissenschaft erkennbar, sondern nur in dem, was aus ihr hervorgegangen ist.

Am Fluß

Während kaum einer Minute ließ eine ruhige impressionistische Aufmerksamkeit, deren Hauptkennzeichen die Absichtslosigkeit ihres Geschehens war, mich auf nicht einmal einem Quadratmeter Bachufergrund mehr als ein Dutzend verschiedener tierischer Lebensformen zählen, Pflanzen und das unbelebt Vorhandene nicht eingerechnet – da sollten sich »die« Natur, »die« Welt »erkennen« lassen?

Selbst angenommen, das alles ließe sich mit Hilfe einschlägiger Enzyklopädien der Naturkunde, Biologie, Geologie und Mineralogie identifizieren, das Wissen ließe sich auf diesen Ort anwenden, so wäre über seine Wirklichkeit damit noch nichts ausgemacht. Die Zusammenführung des Wissens über die ihn bildenden Welt-Elemente stiftet noch nicht die Erkenntnis des Ortes. Aneinandergefügte Einzelbestimmungen lassen sich nicht zum Verständnis dessen verbinden, was die Einzelheiten in ihrer gegenseitigen Bezogenheit miteinander bilden.

Wirklichkeit besteht aus einer für unsere Erkenntnisvermögen unendlichen Vielfalt in der Koexistenz von Konstellationen wirklicher Dinge.

Aus Verborgenheiten also.

Eigentumsvorbehalt

Ich gehöre der Welt, weil meine Existenz in ihrer Ermöglichung nicht meine eigene Leistung ist: ich ging aus ihr hervor, ich lebe in ihr, ich kehre in ihr Plasma zurück, indem ich aufhöre, »Ich« zu sein.

Überdauern ohne Absicht

Der Baum war da, bevor es mich gab; er wird da sein, wenn es mich nicht mehr gibt.

Unverlangte Sendung

Ich kam auf die Welt, ohne daß meine Einwilligung dazu eingeholt wurde. Das einzige Recht, das ich an die Welt habe, gründet darin: frei darüber bestimmen zu können, wann und wie ich sie wieder verlasse.

Sollte die Menschheit sich erhalten können, wird in einer ferneren Zukunft zu diesem »wann« und »wie« sich das »ob« gesellen: das Recht, die Unsterblichkeit auszuschlagen.

Angekommen

Wer angekommen ist, hört Laute, die er sonst nie vernimmt.

Der Blick auf Fremdes schärft das Gehör. Die tierischen Anteile unseres genetischen Erbes zeigen sich in solchen, ganz unscheinbaren, Synästhesien, die einem in kurzen Augenblicken müheloser Erkenntnis aufgehen, wie sie sich nach größeren Anspannungen ohne jede Absicht einstellen.

Gerade ihre Beiläufigkeit ist dabei das Bedeutsame. Wie eine Katze sich vom Lärm um sie her nicht stören läßt, aber in angespanntester Aufmerksamkeit bei einem kaum wahrnehmbaren Geräusch aus ihrem Schlaf hochschreckt, auf das Umblättern einer Buchseite mit Panikbereitschaft reagiert, so halten den im fremden Zimmer seine erste Nachtruhe Suchenden die dumpfen Laute der Nacht eine ganze Weile vom Hinübergleiten in die entspannenden Träume zurück. Ohne hinzuhören, nimmt man sie wahr.

Die Gefahr kommt auf leisen Sohlen. Lärm kann Angst machen; aber in der Stille lauert, was ihr Grund gibt.

Die vorüberratternde S-Bahn dagegen bleibt unbemerkt, fügt sich ins unerinnerbare Geschehen des schließlich doch begonnenen Traumes als vertraute Begleitung ein.

Nichts für Masochisten

Die oft beschriebene ›Grausamkeit‹ der Welt ist eine Bedingung menschlicher Freiheit. Weil wir als Lebewesen nicht unsere Welt ›sind‹, können wir Menschen sein. Je weniger wir Teil der Welt sind, desto größer sind unsere Chancen, Menschen zu werden.

Doch rechtfertigt das Gleichgültigkeit gegen die Welt, die so offensichtlich gleichgültig gegen uns ist?

Die Unabhängigkeit, die aus einer möglichst großen Distanz zu ihr erwächst, erlangt nur, wer sich mitten in die Welt hinein begibt, nicht, wer sich von ihr fernhält. Es ist eine Unabhängigkeit wie die eines verarmten Aristokraten, dessen Stolz nicht davon berührt werden kann, in einer billigen Pension zur Miete zu wohnen, die er sich mit Botengängen verdient.

Die Geschichte ist über solche Figuren, wie sie in den westeuropäischen Hauptstädten bis in die Mitte des Jahrhunderts etwa als russische Emigranten anzutreffen waren, hinweggegangen; die

Struktur ihres Selbstverhältnisses, ihres Verhältnisses zu sich selbst, ist ein Modell des menschlichen Verhältnisses zur Welt geblieben.

Man besteht in ihr, wenn es einem nichts ausmacht, daß sie nicht ›für‹ einen da ist.

Ballistik

Daran, daß es den überlegen-schamhaft belächelten ›Sinn des Lebens‹ gibt, erinnert eine schockhafte Entdeckung, daß er anderen offenbar abhanden gekommen ist.

Da geht einer hin, erschießt seine Frau im Schlaf und anschließend sich selbst; einer, der im öffentlichen Leben als Gegner aller Gewalt gilt.

Hier handelt es sich um keinen ›Widerspruch‹, noch weniger um heuchlerisches Doppelleben: hier ging die Welt verloren. Die Schüsse besiegelten die Endgültigkeit des Verlustes.

Ausgelassener Mythos

Es gibt keinen Neun-Monats-Mythos.

Wie wenig Erstaunen hat es bisher geweckt, daß die Zeit, die es braucht, bis Natur einen neuen Menschen hat entstehen lassen, im menschlichen Leben keinen seine Rhythmen prägenden Einfluß gefunden hat.

Wenn nicht diese, welche Spanne wäre ein angemesseneres Maß für die Abläufe des Wesentlichen einer Lebensführung? Doch die neun Monate sind keine solche Grundperiode im Leben des einmal Geborenen. Die unmittelbaren natürlichen Bedingungen seiner Entstehung bilden für das individuelle Leben des Menschen kein Grundmuster.

Das scheint dafür zu sprechen, daß die Aufrechterhaltung der Verborgenheit unseres Ursprungs die Grundbedingung der Aufrechterhaltung dessen ist, was aus ihm hervorging. Wenn die Mythen vom Ursprung sprechen, sprechen sie vom Unergründlichen.

Verborgenes zu hüten, stiftet also Welt?

Verlaß

Liebesbriefe erreichen ihre Empfänger immer. Je zuverlässiger, desto heikler sie sind.

Das ist die Welt sich schuldig, die nur dank der Unregelmäßigkeiten in Gang bleibt, die in ihren Ordnungen angerichtet werden.

Polonica

*Immerhin hatte ich einige Erlebnisse ... , nicht
bedeutsam genug, um sie zu verschweigen.*

Alfred Polgar

Hiobs Tochter ...

Ich hatte sie nicht sofort gesehen. Nun, da ich sie erblickte, erschrak ich.

Wir hatten uns in die Schlange vor dem Schalter eingereiht, an dem noch kurzfristige Platzreservierungen möglich sein sollten. Als ich mich in dem Raum umsah, während Aga sich umtat, um festzustellen, ob es Sinn habe, zu warten, sah ich sie – ein Wesen von der Größe einer Fünfjährigen mit dem Gesicht einer Hundertjährigen. Es spiegelte sich in der Glaswand, der sie sich immer wieder zuwandte, während sie, an ihr auf und ab gehend, heftig gestikulierend sprach.

Zornbebend redete sie auf jemanden ein, doch da war niemand, dem ihre Klagen gelten konnten. Sie beachtete niemanden der etwas entfernter Umstehenden, keinen der Vorübergehenden; niemand beachtete sie.

Auch meine Begleiterin nicht. Meinen Versuch, ihre Aufmerksamkeit auf diesen Menschen zu lenken, diese Streunerin, die ihre Habseligkeiten in einem Pappkarton, einer Einkaufstasche aus zerdehntem Leder und einigen schmutzigen Plastiktüten mit sich schleppte, die sie an der Wand abgelegt hatte, von der ihre Klage abprallte, wehrte sie deutlich unwillig ab. Sie tat, als hörte sie meine Bemerkungen nicht, und erkundigte sich stattdessen nach dem Datum meiner Fahrkarte, das sie doch längst auswendig kannte. Sie, für die es das Selbstverständlichste ist, an der Straße oder in einem Gebüsch liegende Trinker, um die niemand sich kümmert, im Vorübergehen zu mustern, um sicherzugehen, daß sie auch wirklich nur ihren Rausch ausschlafen, oder Hilfe vonnöten sei, sie blieb achtlos. Mehr noch, sie gab zu erkennen, daß sie hier nicht wahrnehmen wollte. Mochte sie spüren, daß hier nicht mehr zu helfen war, in keiner Weise?

Nie zuvor bin ich Zeuge einer Begebenheit gewesen, und seitdem nicht wieder, die so wenig Teil der unmittelbar erlebten Wirklichkeit gewesen wäre, in der sie sich zutrug, wie als Beobachter der Klage dieser verzweifelten Zwergin. Außer meiner eigenen Wahrnehmung deutete nichts darauf hin, daß geschah, was ich sah. Nichts wirkt so entwirklichend wie die unleugbar wirkliche Konfrontation mit Gegebenheiten, deren Geschehen die Wirklichkeit in der Unzumutbarkeit ihrer innersten Verfassung entblößen – nicht sehen, damit nicht gesehen werde, wie das Unzumutbare in die eigene Existenz eindringt. Dessen Wahrnehmung allein ist schon verletzend, so sehr, daß das Fortsehen die geradezu gesetzmäßige Reaktion ist, mit der sich die Anwesenden zu Unbeteiligten der Szene machten, die sich vor ihnen abspielte.

In nichts sind wir, wird Elementares berührt, noch so magisch bewegt wie in unserem ›Sozialverhalten‹, das sogleich in Asozialität umschlägt, sobald sich einmengt, was niemand auf sich beziehen mag, weil es jedermann angehen könnte. Die angestrengte Gleichgültigkeit gegen den anderen in seinem Zustand des Unzumutbaren sucht die Bedrohung zu bannen, die man in dessen Wahrnehmung gegen sich selbst ebenso gerichtet empfinden muß, kann doch niemand sicher sein, nicht selbst in solchen Zustand zu geraten.

Es waren Augenblicke einer tiefen Beschämung, in der Beobachtung der Gleichgültigkeit der anderen das eigene Entsetzen in seiner ganzen Hilflosigkeit gespiegelt zu erleben. Es entzieht der Wirklichkeit, inmitten eines wirklichen Vorganges, der sie in ihrem eigenen Wesen jäh erhellt, eben diese Offenbarung wahrnehmend zu spüren, wie der Impuls, einzugreifen, sich nicht zur helfenden Tat verdichten kann, im Gegenteil sofort die erschütternde Evidenz ihrer Unmöglichkeit zu erfahren.

Hier war wirklich nichts zu tun. Die eine Geste, die heilen könnte, was unzählige Demütigungen zerstörten, gibt es nicht. Keiner blieb stehen, um dem unheimlichen Schauspiel zuzusehen, das doch keinem der unaufhörlich den Raum Durchquerenden entgehen konnte, keiner der Umstehenden lachte oder verspottete die unendlich verstörte Zwergin, die auf ihrer Reise ohne Herkunft, ohne Ankunft ihre das Menschenerträgliche sprengende Not dieser Bahnhofswand klagte.

Den Gehalt dieser Klage hätte nichts treffender bestimmen können als eben diese Unachtsamkeit: diese da gab es nicht mehr als einen Mitmenschen. Die Laute, mit denen es aus ihr herausbrach, waren kaum noch menschlich, dem heiseren Bellen eines alten Hundes ähnlicher als menschlicher Äußerung.

Im Anblick dieser Anklage eines Menschen, dem nicht gestattet wurde, einer zu sein, der aus dieser Welt gefallen war, ohne von einer anderen eingelassen worden zu sein und nun verurteilt war, endlos in der, zu der er nicht mehr gehören konnte, umherzuirren, ist mir aufgegangen, daß es um keinen Deut hilft, zu *wissen*, daß diese Welt nicht in Ordnung ist. Hoffnung birgt wohl nur die Naivität, der es nicht dämmert, etwas könne nicht stimmen.

Mit wem mochte sie rechten? Wem die Unmöglichkeit ihres Lebens vorhalten? Einem, der sie eine Weile beschützt und dann doch wieder alleine gelassen hatte, nachdem der Reiz des Außergewöhnlichen einer solchen Beziehung ausgekostet und nur noch die täglichen Mühen übrig geblieben waren, vor langer Zeit? Dem Tod, der ihr einen Beschützer entrissen haben mochte? Den Trinkern und Herumtreibern, den Untersten, für die sie eine abgab, die noch unter ihnen stand, die man herumstoßen kann wie man selbst herumgestoßen wird? Mit der menschlichen Verkommenheit, die nichts daran hindern kann, andere noch gemeiner zu behandeln als es einem selbst geschieht? Verwandten, auf gleiche Art Geschlagenen, die ihr nicht mehr gestatten mochten, wenigstens ihrer Randgemeinschaft anzugehören?

Ihre Worte verstand ich nicht, deren Sinn sehr wohl, an ihm konnte es keinen Zweifel geben. Daß die Welt einen nötigen kann, mit ihrem Grund zu hadern – und nichts anderes tat diese lebende Ruine eines nicht zugelassenen Menschseins, indem sie all derer fluchte, die sie an ihrem Leben hinderten –, das ist Beweis, daß sie keinen hat.

... gerettet von Kazimierz Brandys' Dogge

Ein Jahr später. In meinen Versuchen, mir meine polnischen Erfahrungen anzueignen, nach Orientierungen suchend, hat mich ein Rausch der Lektüre polnischer Literatur erfaßt.

In Kazimierz Brandys' Warschauer Aufzeichnungen ›Der Marktplatz‹ lese ich: *Und wieder mit dem Hund rund um den Marktplatz. ... Und plötzlich beim Taxistand eine laut lachende Menschengruppe. Sie scheuchten jemanden fort, aber wen? Man vernahm eine Vogelstimme und etwas wie Flügelschlagen, dann fuhr ein städtisches Taxi ab, und zugleich floh etwas sehr Kleines über die Fahrbahn. Der Hund blieb stehen: er mag Kinder, aber das war kein Kind. ›Püppchen!, Püppchen!‹ Ein Kerl mit Hut röchelte vor Wonne, ein anderer schrie: ›Tolek, leg sie um!‹ Zwei Mädchen stützten einen betrunkenen kleinen Dicken. Der Hund sah und schaute.. ... – das, was auf die Fahrbahn geflohen ist, das Kleine, ein Dutzend Schritte von uns entfernt (›Püppchen, zeig deinen Hintern!‹ kreischten die anderen), mit Mütze, ja, es trug eine Mütze mit rosa Blumen und ein Kostüm mit Pelzkragen. ›Ich verstehe eine derartige Sprache nicht, ich bin anständig!‹ rief sie mit dünnem Zwitscherton und raffte ihre Miniaturkräfte zusammen, aber ihr Gesicht unter der Schminke war blaß geworden. O Gott, eine Liliputanerin, solange ich lebe, habe ich kein so kleines Wesen gesehen, nur die stark geröteten, glänzenden Augen... Eine Zwergin! ›Verdammt, ich habe keine Zigaretten mehr‹, murmelte sie vor sich hin, plötzlich aber begann sie wieder zu schreien, denn der Kerl mit dem Hut und der andere, der kleine Dicke, gingen über die Fahrbahn auf sie zu: ›Miliz!‹, es war keine Miliz da, jemand brüllte: ›Tolek, hau ihr eins*

in die Fresse!‹. Die Mädchen wälzten sich vor Lachen. Da knurrte
mein Hund – ... Als wir vortraten, um die Zwergin zu schützen, setzte
er sich erneut. Es überraschte ihn, daß der Kerl mit dem Hut beim
Laufen aufstampfte. ›Paß auf, Tolek!‹. Der Hund erstarrte. Er saß
mit gespreizten Vorderbeinen, auf die sich die mächtige, breite Brust
stützte. Ich wußte, daß er jetzt einem zaristischen Oberst ähnlich sah
mit seiner Knopfnase und den schwarzen Lappen der Lippen, die wie
ein Backenbart herabhingen, mit der niedrigen, von der Verwunderung
gefurchten Stirn... man konnte erschrecken! Der Kerl mit dem Hut
verlor gewissermaßen plötzlich den Schwung und blieb stehen. ›Eine
Bulldogge‹, sagte er höflich, ›eine sympathische Bulldogge‹. Er retirierte
rückwärts gehend. ... Wir warteten, bis sie ein Auto erwischten, die
Zwergin stand still neben uns im Dunkeln. ... Im Licht der Leucht-
röhren wirkte ihr Gesicht alt und schön, der Hund machte schnaufend
ein paar Sprünge und wandte ihr den Kopf zu. Sie fürchtete sich ein
wenig. ›Ist er sehr scharf?‹ Ich beruhigte sie: ›Ein Lamm im Löwenfell,
seien Sie unbesorgt.‹

Als ein Virtuose der präzisen Phantasie fügt Brandys seinem
Bericht die Imagination an, wie die Zwergin ihren Schausteller-
Freunden ihr Abenteuer berichtet haben mag, denn in welchem
sonst als dem Zirkus-Milieu kann man sich ein Leben solcher Menschen vorstellen –:- am nächsten Tage sagte sie in der Pause, nach der
Seehund-Nummer zu Euzebiusz und Eulalia, die auf der Trommel
saßen: ›Wir Kleinen werden immer verfolgt. Gestern wollten mich zwei
Männer auf dem Marktplatz vergewaltigen, und im letzten Augenblick
hat das liebe Gottchen mir einen großen Hund zur Hilfe entsandt.
Eulalia, er erschien aus der Dunkelheit! Er war so riesig, daß ihr beide,
du und Euzebiusz, auf ihm reiten könntet! Er hat die Großen, die mich
haben wollten, verjagt und mich bis vors Haus begleitet, Euzebiusz.
Euzebiusz, glaubst du, daß aus der Dunkelheit ein riesiger guter Hund
erscheinen kann, um sich deiner anzunehmen? Meine Lieben, ich weine,
ich bin sehr glücklich... Wie oft haben wir uns darüber gestritten, ob
es das liebe Gottchen gibt, jetzt aber bin ich gewiß, meine Lieben‹.

Nicht einen Moment lang zweifle ich daran, wie man nur des Unbeweisbaren ganz gewiß sein kann: es muß *sie* gewesen sein, der ich fünfundzwanzig Jahre später in jenem Schalterraum des Warschauer Hauptbahnhofes begegnete.

Eine unendlich lange Zeit für ein Leben der Unmöglichkeit. Eine zu lange Zeitspanne für ein Leben, das beinahe täglich neu auf Hilfe und Schutz ums Ganze angewiesen ist. Die Theodizee von damals hat nicht halten können, seither muß ihr unendlich Schlimmeres zugestoßen sein, als wovor ein Hund bewahren könnte.

Da stand sie, Hiobs Tochter, und fluchte der Welt und ihrem unergründlichen Grund, und keine Dogge trat mehr hervor, ihr Menschlichkeit zu erweisen.

Seelenwanderung

Die Schuld des Überlebenden vererbt sich bis ins dritte Glied. Das Trauma des Großvaters, der ihm schließlich nachgab und sich aus dem Gespensterwesen des ›normalen‹ Lebens, in das es für den Auschwitz-Häftling kein wirkliches Zurück hatte geben können, in einen stillen Wahnsinn flüchtete, wurde zur Herzkrankheit der Enkelin, die ihren Platz im Leben nicht findet, seit sie als Kind im letzten Moment vom Sprung aus dem Fenster zurückgehalten worden war, mit dem sie dem Alkoholismus der Mutter hatte entkommen wollen.

Budenzauber

Eine Bude steht dicht an die nächste gedrängt, unzählige Menschen bieten auf einem Tapeziertisch, einem Stuhl, einem Tuch oder einem Stück Papier, das sie einfach auf den Boden gelegt haben, ihre Ware an. Und darunter findet man alles. Neueste Kosmetika, ältere Pornographie, verrostetes Vorkriegs-Werkzeug, selbst einzelne Nägel.

Der Plunder aus dem verwarteten Leben finanziert die ersten Schritte in ein nun neu erwartetes. Das Abgetragene ist zum Verwandlungsstoff ins ganz andere geworden, die Ware zum alchymischen Stoff. Das alte Spielzeug, an das kein Traum, kein Wunsch sich mehr heftet, harrt der Vollendung seiner Bestimmung, indem es nun zum materiellen Medium der Erfüllung neuer Träume, neuer Wünsche werden soll, die doch so viel älter sind als der armselige kleine Teddybär, dem ein Arm fehlt.

Zeitenverwirrung

Von meiner Wohnung an der Warschauer Grójecka schaue ich oft auf die große Uhr oben am gegenüberliegenden Studentenwohnheim.

Lange wollte ich ihren Stillstand auf allzu prompte Art »symbolisch« nehmen.

Bis ich bemerkte, daß sie nur scheinbar immer dieselbe Zeit anzeigt. In unregelmäßigen Abständen macht sie einen Sprung, um zehn, dreißig, fünfzehn oder achtundzwanzig Minuten, um doch immer wieder auf ihren zehn Minuten vor zwölf anzulangen, deren Beharrlichkeit zuerst ins Auge stach.

Glückliche Verlorenheit

Warschau, im Herbst 1988, ein grau verhangener, feucht trüber Nachmittag, wie gemacht, um Flaubertsche ›November‹-Melancholien heraufzuholen, die den wahren Melancholikern freilich ungleich stärker im Frühjahr ereilen, in dem er den November als Monat seltener Hochgefühle herbeisehnt.

Doch anderes geschah. Der Gang durch die Stadt geriet zum Erlebnis unverhoffter Geborgenheit.

Es gibt eine Anziehungskraft der Fremdheit, die sich bis zu ihrer beinahe vollkommenen Aussetzung steigern kann. Selten, mag sein noch nie zuvor, habe ich mich so wohl, so geborgen gefühlt wie auf der Marszalkowska zur Hauptverkehrszeit, umgeben von teilnahmslos geschäftigen unbekannten Menschen, deren Sprache ich nicht verstehe.

Daran ist ganz unbeteiligt, daß die Freunde ein paar Straßen weiter auf mich warten. Denn unsere Sprache ist weder die ihre noch die meine. Damit Fremdheit als Verlorenheit empfunden wird, muß man aus der Alltäglichkeit einer unvollkommenen Vertrautheit in sie verschlagen worden sein, einer Vertrautheit, die immer noch etwas von sich einbehält, sich nie ganz gibt.

In der Fremde lernt man, daß das Leben stets unter diesem Vorbehalt steht, man ihm nicht entkommt.

Der Moment dieser Einsicht ist einer der Befreiung. In ihm erlangt man Unversehrbarkeit. Nun schreckt das Ausbleiben des Unzugänglichen nicht mehr, weil es nichts mehr ist, das einem vorenthalten würde, sondern der unerreichbare Grenzwert eines unstillbaren Verlangens. Wie die Liebe vergeht, sobald man sie erfüllt glaubt. Wer sich ohne Angst der Einsamkeit der Fremde überläßt, wird sich in einer unvermuteten Unabhängigkeit erleben.

Das Ich tritt für sich selbst ganz hervor, sobald es sich in keinem Gegenüber spiegelt. Auf einer Bank des Lazienki-Parks kam die unverhoffte Euphorie des Selbst zu sich.

So kommt es, daß den ins Vertraute Zurückgekehrten seither öfter Sehnsucht nach der Fremde überfällt, in der er ganz bei sich war.

Klage der toten Seelen

In den aus den Trümmern neu errichteten Gemäuern müssen die Seelen der Erschlagenen umgehen.

Von Zeit zu Zeit kommen sie zusammen und halten gemeinsam Klage. Dann sind die Träume der neuen Bewohner und ihrer Gäste schwer.

Wer wird da meinen, es läge einfach an der zentral verordneten allgemeinen Überhitzung der Wohnungen, auf deren Fernbeheizung niemand Einfluß nehmen kann. Im staatlichen Bewirtschaftungsplan ist das Ausbleiben eines strengen Winters nicht vorgesehen.

Die Geister erfüllt das mit einiger Schadenfreude. Sollen die, die statt ihrer jetzt hier leben, es nur nicht zu leicht im unschätzbaren Luxus ihres schieren Daseins haben.

Und manchmal machen sie sich den Spaß, den Seelen der Schlafenden etwas einzuflüstern.

Dann kann es geschehen, daß am nächsten Abend ein paar Schläger erscheinen, die einem im Auftrag des Wohnungsbesitzers den Nachfolger präsentieren, der als »Neffe« eine höhere Miete an die »Tante« zahlt, in Dollars, versteht sich, und damit beginnen, die in zwei engen Zimmern zusammengedrängte Habe auf den Flur zu werfen. Die Nachbarn, die einen nicht kennen, gehen achtlos vorüber, ihr Bigos wartet schon. Auch sie haben vorige Nacht geträumt. Die Dämonen leisten ganze Arbeit.

Das letzte Aufbegehren der Gemordeten läßt die Lebenden nicht los.

Nowy Swiat

Diese Stadt ist in ihrem nur wenig farbig belebten Gespensterwesen das in Stein so überwirklich errichtete Phantom nicht nur ihrer eigenen, sondern unser aller Geschichte.

Keine Epoche hat sich über sich selbst wohl so verwundert wie das 20. Jahrhundert. An keinem anderen Ort kann man derart bestürzend lernen, was Europa heute dadurch ist, daß es vernichtete, was es gewesen ist.

Diese Gegenwart ist ein einziges großes Nicht-Mehr, Paradox eines Real-Vergangenen, kein Jetzt. Deshalb verachten so viele Warschauer ihre Stadt, von der sie nicht lassen können, und wollen den Gast nicht verstehen, wie er sie nur so mögen kann. Daß man heute noch wieder über den Alten Markt, von der »alten« in die »neue« Welt gehen kann, als wäre das alles nie nicht mehr gewesen, ist ein ermutigender Beweis möglichen Widerstandes gegen die Furien menschlicher Selbstzerstörung. Deren Folgen lassen sich nicht ungeschehen machen; aber man kann mit ihnen so umgehen, daß sie selbst zu Manifestationen der Zurückweisung dessen werden, was sie anrichtete. Daß einer, der anderthalb Jahrzehnte nach ihrer nahezu vollständigen Zerstörung geboren wurde, die Stadt Warschau besuchen, und sie vierzig Jahre danach von ihm wahrgenommen werden kann, als wäre sie die alte Hauptstadt Polens, ist eine derartige Zurückweisung.

Eine unschätzbare Erfahrung für deutsche »Identität«. Sie kann sich nur im Spiegel der Vergangenheit neu bilden, der ihre eigene den Stempel einbrannte. Wir sind die, als die wir im Gedächtnis derer leben, deren Vergangenheit von der unseren beherrscht ist; wir können die sein, die wir im Bewußtsein derer sein können, die eine solche Erinnerung haben.

Zeitzeichen

Polnische Streichhölzer entzünden sich nicht sogleich vollständig. Wie mit allem hier, muß man auch mit ihnen Geduld haben. Sie glimmen erst ein wenig auf, verharren in einem kritischen Moment der Unentschlossenheit, neigen sich noch einmal dem Verlöschen zu, um dann mit einem Mal zur vollen Flamme zu explodieren.

Ahasver aus Praga

Der alte abgerissene Zeitungsverkäufer, der mit schlurfenden, doch zügig ausholenden Schritten im unterirdischen Zentralbahnhof von Peron zu Peron eilt, blickt bei seinen stark, doch gleichtönig rhythmisierten »Gazety, Gazety, Gazety« – Rufen, die er mit einer ebenso gehetzten wie abgestumpften Stimme ausstößt, keinen der Wartenden an, etwa zum Kauf ermunternd. Er rechnet mit keinem Käufer, und niemand beachtet ihn. In der halben Stunde, die ich auf meinen Zug wartete, verkaufte er nicht ein Blatt.

So mag er schon eine unermessene Zeit lang geirrt sein, und in eine unendliche Zeit hinein weiter an Unzähligen vorbei, die ihn nicht erkennen, einer Erlösung entgegen, die ihn nicht erwartet.

Und dabei wäre sie so leicht zu bewerkstelligen: es bräuchte einer ihm nur alle seine Zeitungen, die seine gichtverkrümmten Finger in der Armbeuge halten, auf einmal abzukaufen, und er kehrte in ein Souterrain-Zimmer in einem pragaer Hinterhaus zurück, das schon nur noch halb so kalt sein müßte, da er sich morgen ein paar Briketts für seinen Ofen kaufen könnte. Doch niemand wäre mit ihm, zu erklären, was er lange vergessen hatte, wie man einen Ofen einheizt.

Auf die Frage, warum ich es nicht tat, wüßte ich keine Antwort.

(1988-1991)

Bukarester Splitter

Der Supermarkt »Orient« gehört, nach Angebot und Atmosphäre, zu den westlichen Geschäften.

Um Unauffälligkeit bemüht, wie immer, habe ich Platz genommen. Mit der seltsamen Ungeduld, die mich hier auf allen meinen Wegen begleitet, auf das Signal vor dem Schließen der Türen wartend, bemerke ich, wie einer, der auf der Bank gegenüber sitzt, mich anzustarren beginnt. Dem aufkeimenden Unbehagen, sich möglicherweise auf eine in der Fixierung aufsteigende Feindseligkeit gefaßt machen zu müssen, deren Allgegenwart nach einigen Tagen des Aufenthaltes an einem zu zerren beginnt, versuche ich zu begegnen, indem ich eine offene Gegenmusterung vermeide.

Trotzdem bemerke ich so viel, daß die Miene lässiger Gleichgültigkeit, mit der er sich, die Beine wie in weltläufiger Langeweile übereinandergeschlagen, den Anschein müder Überlegenheit gab, während er die neu eintretenden Fahrgäste musterte, sich jäh veränderte.

Als er mit einem Satz aufspringt, aus dem Wagen stürzt und den Bahnsteig entlang Richtung Ausgang hastet.

An wen mag ich ihn erinnert, womit seine Flucht ausgelöst haben?

Wer dazu verurteilt ist, langsam zu verkommen, bei Bewußtsein Stück um Stück seiner Menschlichkeit verlustig zu gehen in einer Gesellschaft, die es nicht mehr versteht, das Leben so zu erhalten, daß es kein Fluch ist, der kennt nur noch wenige Schrecken, die ihn inmitten allgemeiner Lethargie in derart überstürzte Bewegung versetzen können. Ihr plötzlicher Einbruch ist von einer absoluten Launenhaftigkeit. Nichts, was ihn nicht auslösen könnte.

Dem Geflohenen, den nicht ich, aber etwas, das sich mit mir verband, als er meiner gewahr wurde, vertrieb, war es anzusehen, daß er einmal auf sich gehalten hatte. Aber irgendwann, ganz allmählich hörte er auf, sich weiter zu pflegen. Als es zu mühsam wurde, den Zustand, in dem er sich noch mit sich und vor den anderen wohlfühlen konnte, aufrechtzuerhalten, gab er auf. Vielleicht war ich zum Spiegel dessen geworden, der er nicht mehr war und nicht mehr sein konnte, von dem er aber wußte, daß er dieser hätte sein können. Ich hatte, in vollkommener Unbeteiligtheit, allein durch meine Anwesenheit, die Grenze seines Selbstbildes zerrissen. Aus einer anderen Wirklichkeit kommend, hatte ich seine Wirklichkeit als Betrug darüber, daß sie schon lange verschwunden war, zerstört.–

Ich wünschte, es wäre ganz anders, einfach gewesen: in den Anblick des ihm gegenüber sitzenden Fremden versunken, hatte er sich gerade noch rechtzeitig erinnert, an dieser Station aussteigen zu wollen, und das gerade noch vermiedene Versehen hatte ihn zu doppelter Eile angehalten, vielleicht, weil er eine Verabredung nicht versäumen wollte, zu der er sich ohnehin schon verspätet auf den Weg gemacht hatte.

Die Zeitverschiebung geht nicht nur mit dem Ortswechsel einher; die im Fluge überbrückten zweitausend Kilometer bewirken im Souterrain der zäh aus der Müdigkeit aufsteigenden Wahrnehmungen auch einen Zeitenwechsel. Was hier, an diesem fremden Ort in mich einzudringen beginnt, sickert, durchsetzt mit den Erinnerungen an einen anderen fremden Ort zu einer anderen Zeit, nur langsam ins Bewußtsein ein.

Meine noch nebelhafte Wahrnehmung nimmt die Gestalt von Erinnerungen an das herbstliche Warschau vor zehn Jahren an. In die Aussichten entlang der Calea Victoriei schieben sich die Bilder der Novy Swiat. Schon keimt Freude auf die Konditorei Blikler und den feinsten Kuchen auf, schon regt sich in den Geschmacksknospen meiner Zunge die Erinnerung an das feinste Gebäck, das ich bislang gegessen habe –, als es mich gerade noch warnend durchfährt, doch woanders zu sein.

Derselbe Nebel, derselbe Smog, dieselbe Trübheit, dieselbe Armut, die wie Findlinge den Strom großstädtischer Hektik teilt, umgeben mich, dieselben überhitzten Innenräume, die jeden Gedanken zum Tagtraum zerfließen lassen, dieselbe Not in meiner viel zu warmen Kleidung, die ich in Erwartung des strengen osteuropäischen Winters ausschließlich mitgenommen hatte, der sich nun als ein falscher Frühling erweist.

Doch die Stimmung bleibt aus, mit der die wirkliche Erinnerung an den früheren Ort der Fremde durchdrungen ist: ein mehr als nur beruhigendes, ein beglückendes Zeichen, daß ich nicht mehr derselbe bin, der ich damals war.

Ich bin also wirklich hier.

Die unwillkürliche Ausschau, die ich in der ersten Zeit auf meinen Wegen nach jenem Typus der Frau hielt, die mich damals meine Grenzen überschreiten hieß, bleibt von jetzt an aus, und kehrt für den Rest meines Aufenthaltes nicht mehr wieder.

Aufgerissene Straßen, bevölkert von kranken Menschen, versunken in ihrer Hoffnungslosigkeit – dagegen die sprühende Intellektualität in kleinen Freundes-Kreisen, inmitten schon lange nicht mehr kaschierbarer Misere: beides ist so wirklich, daß das eine ebenso unwirklich anmutet, wie das andere unbezweifelbar ist.

Das Fazit ist die Voraussetzung von allem –: als Menschen sind wir Wesen des Grenzgängertums, auch, wenn wir uns Zeit unseres

Lebens nicht von der Stelle rührten, wie es dem Königsberg-Hocker Kant in den langen achtzig Jahren seines Lebens gelang.

Als das Elementare erweist sich ausnahmslos das Paradox: die Menschwerdung vollzieht sich als Überschreitung einer Grenze, die in dem Vorgang der Überschreitung überhaupt erst entsteht: erst seit es ein Lebewesen gibt, das sich selbst bestimmt, indem es sich von anderen unterscheidet, das in dieser Unterscheidung erst es selbst wird, gibt es verschiedene Lebewesen, gibt es Tiere, als Noch-nicht-Menschen, und Menschen, als Nicht-mehr-Tiere.

Grenzüberschreitung ist der das Menschsein konstituierende Vorgang. Es müßte mit dem Verlöschen dieser Fähigkeit als der elementar lebenserhaltenden aus dem Geflecht des Lebendigen verschwinden.

Sie ist der Elementarvorgang jener Evolution, von der wir uns seit einem Jahrhundert vorstellen, daß aus der Reihung durch Wandlungen aufeinander folgender Wesen schließlich dasjenige hervorging, das sich Mensch nennt.

Was für die Gattung in diesem Mythos der Naturwissenschaften als genealogisches Urereignis das Überschreiten jener Grenze ist, die die Seinsform eines protomenschlichen Wesens bestimmte, das sich auf den Weg machte, ein anderes zu werden, indem es sie überschritt, das ist für das Individuum die Grenzüberschreitung der Geburt. Sie geschieht als Austreibung aus dem geschlossenen Raum des Werdens in den offenen Raum des Seins.

Das so ins Leben gekommene Wesen erhält sich in ihm, indem es in seinem Verlauf immer wieder Bewegungen und Handlungen vollzieht, die es aus einem vorhergehenden in einen nachfolgenden, veränderten Zustand versetzen. Damit vollzieht es im äußeren Leben seines Organismus die Analogie zu der Grundbedingung inneren Lebens. Der Stoffwechsel steuert und erhält die biologischen Lebensfunktionen in einem ständigen Austauschprozeß von Stoffen und Energien aufrecht.

Das Stadium, in dem man die Fähigkeiten dazu in seinem äußeren Leben hinlänglich erreicht hat, wird durch Initiationen markiert, die den Grundvorgang der Grenzüberschreitung noch einmal bekräftigen, indem von dem Moment ab, den sie bestimmen, das Individuum die letzte Grenze der sozialen Reife überschreitet, die von Verboten gezogen war, die von bestimmten Handlungen ausschloß; nun gleichrangig zu ihnen berechtigt zu sein, kommt der prinzipiellen Erlaubnis zum Grenzübertritt gleich: nun ist die Vollwertigkeit der Lebensführung erreicht, da kein Gebot und kein Verbot mehr auf der elementaren Fähigkeit liegt, derer sie bedarf.

Mit der Erschöpfung äußerer und innerer Fähigkeit zu diesem Austausch kommt es bei seinem Aussetzen zum Tod. Tritt er ein, geschieht die letzte Grenzüberschreitung, indem er den Organismus über die Grenze schiebt, die zwischen dem Diesseits und dem Jenseits des Nicht-Mehr-Seins verläuft.

(1997)

Pariser Momente

Pop – Messe

»Venez et voyez«, Kommen und Sehen Sie, lautet das Motto der XII. ›Journées de la jeunesse‹ der katholischen Kirche in Paris. Das klingt fatal nach Zirkuswerbung.

Eine Million Menschen auf der Rennbahn von Longchamps – nun scheint auch sie bei ihren zaghaften Versuchen, nicht aus der Zeit zu fallen, von der Pop-Kultur eingeholt worden zu sein.

Das ist richtig, und doch grundverkehrt. Diese Messe offenbart in ihrer Woodstock-Atmosphäre, wie wenig die moderne Kultur des öffentlichen Spektakels sich vom Grundmuster der Zelebration des christlichen Ritus wirklich hat lösen können. Die römische Messe blieb das einzige Muster für die Theatralik der Neuzeit.

Die ›Kathedrale des Lichts‹, die in der Nacht zum 23. August, der Bartholomäusnacht, erstrahlte, von der die Reportagen schwärmen, erinnert befremdlich an Albert Speers Lichtdome der Reichsparteitage; aber sie zeigt vor allem, wie einfallslos das profane Spektakel wirklich, wie sehr es Kopie statt Original immer geblieben ist.

In Longchamps hat das Original sich das Maß der Kopie angeeignet: die Unwiderstehlichkeit der reinen Quantität. Eine Million Menschen versammelt zu Füßen des Papstes – die holt (noch) kein singender Weltstar in eine Arena.

Der Kreis hat sich geschlossen.

Welthistorisch wird das dieser Kirche kaum helfen. Ihre Zeit ist gezählt. Da der Kreis nun aber geschlossen ist, kann etwas wirklich Neues entstehen.

Es ist diese Modernität des Auftritts, die diesen Papst dazu prä-
destiniert, die Prophezeiung zu erfüllen, der letzte werde ein Pole
gewesen sein.

(1997)

Alterslos

Der schleppende Gang der alten Schwarzen im Faubourg zeugt
von keinem Lebensgefühl mehr, sondern nur noch von einem zur
Last gewordenen Körper.

Dies kaum gedacht, bemerke ich, daß mir zum ersten Mal in
zwanzig Jahren auffiel, daß man in Paris keine alten Schwarzen
sieht. Diese Alte ist die erste, die ich wirklich wahrnehme; wohl,
weil ihr Alter so unübersehbar ihre Erscheinung bestimmt.

Sie bleiben unsichtbar, denn natürlich muß es sie geben; aber die
›jungen Völker‹ scheinen sich in dieser Hauptstadt der Epoche, die
sie jung und sich selbst alt gemacht hat, die Sichtbarkeit des Alters
nicht zu gestatten. Als wäre ein alter Schwarzer ein Widerruf der
Hoffnung, in der Geschichte der alten Welt nicht Opfer bleiben zu
müssen, sondern dazu verurteilt zu sein, zu werden wie sie selbst.

Einmal auf die Abwesenheit der schwarzen Alten aufmerksam
geworden, fallen die vielen Alten weißer Hautfarbe an diesem Ort
ständiger Jugend um so mehr auf.

Propreté de Paris oder
Haltet Eure Stadt sauber

Oft sah ich sie auf meinen Wegen in die Innenstadt dort sitzen, auf dem breiten Fenstersims der Crédit Lyonnais, Boulevard Sébastopol Ecke Boulevard St. Denis, eine freundliche Alte, die ihre Beine baumeln ließ, einige Plastiktüten und Taschen neben sich, still in sich hinein lächelnd die geschäftige Welt an sich vorüber ziehen lassend. Unverkennbar lebte sie seit längerem auf der Straße, ihre besseren Tage mußten lange zurückliegen.

Dem Treiben um sie her sah sie nicht wirklich zu, aber obwohl sie deutlich erkennbar nicht mehr dazugehörte, war sie nicht abwesend. Ihr Lächeln verriet eine Distanz freundlicher Enthobenheit. Das alles ging sie nichts mehr an, aber in ihrem Blick war keine Spur von Verbitterung. In ihrer Ausgeschlossenheit schien sie sich dennoch in einem Zustand eines geradezu zufrieden anmutenden Beisichseins zu befinden. Keinen der Vorübergehenden musterte sie mit der ressentimentgeladenen Begehrlichkeit, wie man sie bei weiblichen Clochards, denen der Alkohol ihr Bewußtsein noch nicht ganz geraubt hat, manchmal sieht. Für sich selbst schien sie nicht zu sein, was sie so unverkennbar war.

So traf ich sie im Laufe der Jahre zu allen Jahreszeiten und bei jeder Witterung dort immer wieder einmal an, an ihrem Ort, bei strömendem Regen so gut wie bei Kälte; nichts schien ihren Gleichmut zu stören. Ihr Lächeln war keine Grimasse der Idiotie. Eher wirkte es wie eine Geste der Freiheit, einer Souveränität, zu der gelangen mag, wer begriff und anerkannte, zu dieser Welt nie mehr zu gehören, die da an ihr vorbeieilte, ohne sie zu beachten.

Es mag eine ähnliche Gestalt gewesen sein, die Franz Hessel die erstaunliche Wendung von der »Lust des Besiegten« eingab, in seinem ›Kramladen des Glücks‹. Da saß tatsächlich ein Glück, eines, zu dem man nur kommt, indem man aus der Welt fällt.

Nur einmal habe ich einen ähnlichen Gesichtsausdruck gesehen, auf jenem Foto des Opfers der asiatischen Folter der Tausend Tode, das den Todesbeschwörer Georges Bataille so in Bann schlug.

Die im Strom des täglichen Lebens Unbeachtete muß genau beobachtet worden sein. Eines Tages bemerkte ich auf dem Gesims eine Metallkonstruktion, die es offenbar unmöglich machen sollte, sich dort hinzusetzen, ähnlich den Taubengittern, wie man sie an öffentlichen Gebäuden findet. Nur, daß die spitzen Metallstäbe hier Menschenmaß hatten.

Der brachiale Ordnungssinn der Bankdirektion erwies sich als vergeblich: nach längerer Zeit sah ich sie wieder; unbekümmert um die metallene Abwehr hatte sie es geschafft, dennoch ihren Platz einzunehmen, von ihrem Ort ließ sie sich nicht vertreiben. Wieder saß sie dort in ihrer entrückten Unbeteiligtheit, ihre restliche Habe in immer weniger Tüten neben sich. Sie saß, als gäbe es die Konstruktion zu ihrer Vertreibung nicht, von der sie so wenig Notiz nahm, wie die Welt sonst von ihr, zu der sie nicht mehr gehörte, und nicht mehr gehören sollte.

Nun sehr alt, von den mörderischen Lebensbedingungen des Nichtmehrexistierens als Straßenwesen schwer gezeichnet, saß sie an ihrem Ort, den sie sich nicht nehmen ließ, und sah vor sich hin, freundlich unbeteiligt, lächelnd.

Nie habe ich sie trinken, nie betteln sehen. Bis sie eines Tages ausblieb.

Sie ist nicht verschwunden. Nie, wenn ich diesen Ort passiere, daß ich sie nicht dort sitzen sähe.

Das Metallgebilde ist geblieben. Von Zeit zu Zeit wird es frisch lackiert.

Niemanden sonst habe ich je dort sitzen sehen.

April in Paris

Zwei vorübergehende junge Frauen, in gelassen-konzentriertem Geplauder über ihr Make-up – in einer anderen Sprache klingen noch die trivialsten Dinge wie tiefste Offenbarung.

Bilanz bei Carette

Behaglich sitzt er zwischen seinen beiden Frauen am Tischchen; bedächtig das wohlüberlegte Wort in seinem schwerfällig rollenden Akzent des osteuropäischen Immigranten einmal an die eine, dann die andere richtend, die ihm Angetraute und deren beste Freundin, der jene es klug nachgesehen haben wird, daß er mit dieser im Laufe der Jahrzehnte wohl nicht nur freundschaftlichen Umgang hatte. Die Rückblicke werden, da man nun mehr hinter, als noch vor sich hat, nachsichtig.

»Ich hatte kein leichtes, aber ein angenehmes Leben«, stellt er in das dem falschen Gebrauch des Konjunktivs gewidmete Geplauder seiner Gefährtinnen hinein fest. »Jetzt habe ich ein einfaches Leben, ich mache nichts mehr; ich warte auf den Tod«.

Keine Bitterkeit trübt den leichten Konversationston, er scheint es zufrieden zu sein, und sagt es hin, wie eine höfliche Bemerkung zur mitgealterten Kellnerin über das gerade zum ungezählten Mal zu dieser Zeit an diesem Ort rituell genossene Gebäck leichter nicht sein könnte.

Der Schritt vom »schweren« zum »leichten« Leben wird möglich, sobald der Tod zur einzigen Aussicht des Lebens zu werden beginnt, dessen jederzeitige Möglichkeit es belastete, solange man noch eine

Fülle erstrebenswerter Aussichten vor sich sah. Seien diese erreicht oder nicht, die gewisseste aller Aussichten nimmt dem Leben seine Schwere, ist sie erst zur letzten noch ausstehenden geworden. Nun kann der Tod nichts mehr verhindern, nur noch abschließen.

Noch eine Weile, und aus dem Warten wird Erwartung werden.

Mit Rilke nach Hause

Pariser Leben ist öffentliches Leben. In aller Diskretion. Auch draußen ist man »bei sich«, »chez moi«. Das bezeugt die Allgegenwart einer der intimsten Tätigkeiten: nicht nur Cafés und Parks, auch die öffentlichen Verkehrsmittel sind bevölkert von Lesern.

Aus der unvermeidlichen Nähe zwischen Fremden zieht man sich in der Métro mit lässiger Selbstverständlichkeit in die unantastbare Einsamkeit der Lektüre zurück. So ist die Métro die größte Bibliothek der Welt, wie Daniel Pennac in seiner Eloge des Lesens ›Wie ein Roman‹ sagt.

Die Busse sind nicht weniger rollende Lesesäle. Im 38er zwischen Châtelet und Gare de l'Est fällt mir ein junges Schwesternpaar auf, das ungleicher nicht sein könnte, wohl nordafrikanischer, wahrscheinlich marokkanischer Herkunft. Während die eine, kurz vor dem Übergang in üppige Weiblichkeit, blasierte Blicke um sich streut, in denen ihr Ärger über ihre ungeduldige Langeweile nicht weniger als über die um sie unbekümmert neben ihr sitzende etwas ältere Schwester mit strengen, klaren Gesichtszügen finster funkelt, liest diese in entrückter Konzentration in einem dicken Band Rainer Maria Rilke.

In Rauch erhalten

Eine der ersten Besorgungen bei jedem Paris-Aufenthalt ist eine Packung Gitanes-Filtre.

Der unverkennbare, streng würzige Duft der ersten Zigarette, die ich mir anzünde, löst, fühle ich mich in diesem Moment wohl, jedes Mal zuverlässig die Erinnerung an den Papierduft der ersten Bücher, die ich in Paris durchblätterte, aus dem Gedächtnis meiner Nasenschleimhäute, und ich rieche wieder wie beim ersten Mal, wie Bücher nur hier duften.

Vor der Zeit

In dieser Osterwoche strahlt Paris in Hoch-, fast schon Spätsommerglanz. Bei 26° und mehr fühlt man sich nach einigen Tagen, als ginge der Sommer allmählich zu Ende, als genösse man die Sonne in ihrer letzten vollen Kraft des Jahres, wie es sonst um den kritischen 15. August zu sein pflegt.

Das scharfe Brennen dieser vorzeitigen Hitze auf der Gesichtshaut beim ersten improvisierten Sonnenbad im Parc Monceau weckt ebenso lebhafte Empfindungen, die zwischen Geborgenheit und Gefährdung oszillieren.

Das Leben spendende Licht und das zerstörende Feuer sind nur graduell voneinander unterschieden.

Dem entspricht die Entropie des organischen Lebens, seine allmähliche Selbstverzehrung in den Vorgängen seiner Erhaltung.

Lob des Schwätzers

Paris hat die Kraft der Verwandlung.

Nur hier, zur Atmosphäre verdichtet, ertrage ich es nicht nur, sondern kann ich das Geschwätz sogar genießen, das mir sonst so schnell zuwider ist.

Der unablässige Strom mündlicher Äußerung gehört zur pariser Lebenstechnik. Man ist nicht gern allein, doch mag man es gar nicht, sich zu nahe zu kommen. Heute einen Abend in intensiver, Intimes nicht ausschließender Konversation miteinander verbringen und einander anderntags wie Fremde begegnen, die sich nie zuvor gesehen haben, gehört zu ihrer hohen Kunst unverbindlicher Geselligkeit.

Man bildet eine Schutzhülle aus Worten um sich. Sie hält auf Distanz, und gewährt in der Teilhabe am eigenen Leben, die die Erzählungen aus seinen Alltäglichkeiten bieten, gleichzeitig Intimität, die zu nichts verpflichtet.

Dabei läßt man sich von einem Sprach-Eros führen, als gälte es letzte Wahrheiten. Bis zum geschmeidigen Wettstreit kann das Bemühen um ebenso korrekten wie eleganten und genau treffenden Ausdruck sich steigern, in dem die Nuancen abgetastet, die Superlative erprobt, die sprechendsten Adjektive einander wie Spielbälle hurtig zugeworfen, aufgefangen und weitergeschlagen werden. Seine Sprachspiellaune weckt des Parisers ständige Begeisterungsbereitschaft am leichtesten.

Die wichtigste Wirkung dieser Gemeinschaftsstiftung durch ihre rituelle Vermeidung ist eine elementare Entlastung. Da es sich bei den unablässigen Mitteilungen um nichts als Banalitäten handelt, macht die Scheingeselligkeit im Scheingespräch es möglich, ständig von dem Lebensballast abzuwerfen, der zum überwiegenden Teil aus nichts als Banalem besteht: es unentwegt äußernd, wird man es los. Der Schwätzer betreibt eine der wichtigsten Hygienen des Existierens.

Wer aufhörte, Überflüssiges mitzuteilen, würde es nicht mehr los und müßte mit sich herumschleppen, was zu nichts nutze ist.

Bis jeder Schritt zentnerschwer belastet wäre. Wer schwiege, müßte an der Überfülle einer der größten Lebenszumutungen ersticken, der Anhäufung alles dessen, was sich Aufmerksamkeit erzwingt, ohne Bedeutung zu besitzen.

Unter solchen Schwätzern verliert das Leben an Last.

Unbekannte Statthalterschaft

I. m. W. G. S.

Von Adorno ist, zum Bild des eitlen Sonderlings passend, überliefert, er habe bei einer Frankfurter Abendgesellschaft, kaum daß einer der Gäste, ein zu der Zeit berühmter Theologe, sich verabschiedete, darauf bestanden, dessen Platz einzunehmen und sich in den Sessel gedrängt, in dem die Berühmtheit bis zu ihrem Aufbruch saß.

Lange hatte ich die Ruhe im Garten des Musée Delacroix an der Place Furstemberg mitten in Paris genossen, die mir wieder einmal in der von dieser Stadt so oft bereitgehaltenen Mischung aus Erstaunen und Bewunderung verdeutlichte, daß Paris bei all seiner Monumentalität so sehr eine Stadt der menschlichen Maße ist, daß man in ihr gar nicht verloren gehen kann, wie einsam einer in ihr auch immer sein mag, wovon sie sich in keinem der gewiß zahlreichen Fälle von Einsamkeit auch nur im geringsten beeindrucken läßt, als ich mich entschloß, bevor es wirklich unangenehm oder abenteuerlich werden konnte, die schleichende Beeinträchtigung meines Behagens zu beenden, die nun schon seit einiger Zeit von einer Person ausging, die mich bereits fixiert hatte, als sie die Treppe in den kargen Garten, der Delacroix‹ Atelier umgibt, in dem es nicht viel zu sehen gibt, herabstieg und meinen Platz auf einem der wenigen unbequemen Metallstühle während ihrer schleichend mäandernden Promenade durch ihn nicht mehr aus den Augen ließ, und nun, wie ich, der Treppe gemächlich zustrebend, die den Garten mit dem auf der Ebene der Straße gelegenen Museum verbindet, halb schon abgewandt gerade noch wahrnehmen konnte, eilig und mit breitbeiniger Genugtuung, obwohl inzwischen sogar mehrere der Stühle dort unten frei geworden waren, wie im Triumph umherblickend meinen aufgegebenen Platz einnahm.

Für wen mag ich da gehalten worden sein ?

Überlegenheit des Unterwürfigen

In der sentimentalen Liebe zum Tier spiegelt sich der Genuß seines Besitzers an der Unterwürfigkeit, die es ihm erweist. Sie geht ganz im selbstgefälligen Wohlbehagen des Herren-Menschen an der Knecht-Kreatur auf.

Das erweist sich, sobald das Tier auch nur für einen Moment in seiner Folgsamkeit nachläßt: sofort verkehrt die Liebe seines Besitzers sich in die Bereitschaft zu brutaler Züchtigung.

Der Wechsel in der Stimmlage seines Herrn zeigt sie an. Die Warnung wird unüberhörbar, und das intelligente Tier kuscht, bevor es die Leine oder Schlimmeres zu spüren bekommt.

Tierliebe

Zu den wenig bedachten Unwahrscheinlichkeiten der Natur gehören Beziehungen zwischen Mensch und Tier.

Kommt es zu einer, in vollkommener Unwillkürlichkeit, denn man kann sie nicht wie zwischen Menschen wählen, so reicht sie tiefer als alles, was zwischen Menschen möglich ist.

Kaum eine seiner Äußerungen in Friedrich Hebbels Tagebüchern ist so ergreifend wie der Bericht vom Sterben seines zahmen Eichhörnchens (6. und 11. November 1861). Ohne Pathos, ohne Sentimentalität, reine Erschütterung. Verglichen mit ihm nehmen sich die Eintragungen zum Tod seiner Kinder konventionell aus, wie Pflichtübungen dessen, der sich den Ansprüchen bürgerlicher Gefühlsverpflichtungen zeitlebens mit trotzigem Unwillen widersetzte.

Im Tod des liebenden Tieres tritt der metaphysische Tiefgang seiner Zuwendung zum Menschen hervor. Die nun verlorene Beziehung beweist ihm, daß diese Welt ihm prinzipiell wohlgesonnen ist, was immer sie ihm an Bürden auferlegen mag. In der freiwilligen Neigung des Tieres zum Menschen gibt sich die Welt in ihrer Bereitschaft zu erkennen, Welt *für* ihn zu sein. Das liebende Tier ist das eingelöste Weltversprechen. Mehr noch als jede erfüllte Liebe zwischen Menschen, die dem Makel ihrer gegenseitigen Notwendigkeit nie ganz entkommt. Denn anders als wir Menschen muß das Tier nicht lieben. Seine Liebe ist das vollkommenste Geschenk, das Menschen zuteil werden kann.

Der Schmerz bei seinem Verlust rührt aus der Widerrufung dieser Offenbarung möglicher Menschenfreundlichkeit der Welt, als welche sein Tod trifft. Er ist um so größer und jedem Trost entzogen, als es keine wirkliche Verbundenheit zwischen Mensch und Tier geben kann, die Trennung zwischen beiden Seinsformen sich nie aufheben läßt; nur in seltensten Momenten geschieht es, daß sie suspendiert wird. Dieser Sekundenblitz von Gemeinschaft reicht hin, mit der Welt zu versöhnen.

Zur Trostlosigkeit trägt bei, daß der Mensch dem Tier, das ihn zu solcher Verbundenheit wählte, den Liebesdienst erweisen muß, ihm, hat seine Lebenskraft sich erschöpft, seinen Tod zu *geben*, den es als Haustier nicht mehr in der ihm natürlichen Weise *finden* kann.

Fleischbeschau

Neben dem Eingang zur Peep-Show die Auslage eines Metzgers – Nicht der Mensch wirklich sein zu können, der ihn von dem Tier unterschiede, das er nicht mehr sein kann und nicht mehr sein will, läßt ihn sich selbst zum Gegenstand des Blicks machen, mit dem er nichts ist als ein Tier, das das andere frißt.

Diego, ach Diego

Er war nach einem Jahrzehnt gemeinsamen Lebens, gemeinsamer Arbeit und gemeinsamen Elends in seine Heimat zurückgekehrt. Sie zurücklassend, war seine Heimkehr für sie zur Trennung geworden. Sie blieb ihm, der sich von da ab nie mehr an sie wandte, treu.

Ein Jahrzehnt später konnte sie in das Land reisen, in dem er seit damals, ohne alle Verbindung zu ihr, lebte. Sie war ihm nicht gefolgt, da er sie nicht erwartete.

Als sie ihn, ihre Erinnerung, durch Zufall traf, ging er achtlos an ihr vorüber, ohne sie wahrzunehmen.

In diesem Moment, da die Verborgenheit ins Offene trat, endete eine Welt.

(Nach der Lektüre von Elena Poniatowski ›Lieber Diego‹)

Vergebliche Mühe

Moralisten sterben immer vorzeitig, an den Folgen eines ruinösen Doppellebens wie Max Scheler, oder an gebrochenem Herzen, das der undurchdringlichen Schlechtigkeit der Mitmenschen, die für ihn immer mehr zu Gegenmenschen werden, hilflos ausgeliefert ist, wie Heinrich Böll.

In jedem Fall haben sie aus ihrem Leben weniger gemacht als sie waren. Das Mehr, das ihnen ihr Dienst an der Moral der anderen zu tun vorenthielt, hätte diesen besser gedient als ihre Stiftung eines bewunderten, doch nie befolgten Vorbildes.

Überstanden

Man ist nie glücklicher, mit sich und der Welt im Einklang, als in dem Augenblick der Gewißheit, daß die Krankheit überstanden ist und nun die Genesung beginnt.

Die Welt hat gewonnen, wer der Krankheit entkam.

Amour fou, vernünftig

Am treuesten sind wir den Frauen, mit denen wir nicht geschlafen haben.

Ihr Bild erhält sich uns als Vision in einem reinen Begehren, das nicht enttäuscht werden kann, weil es nie gestillt wurde. Und oft nicht einmal geweckt. Jeder Körper, der es neu entstehen läßt, steigert die Erinnerung an das Nichtbesessene, das sich uns darstellt, als hätte es das Vollkommene an Genuß und Erfüllung sein müssen. Das ungestillte Begehren verklärt sich, nachdem die verletzende Qual der Entbehrung sich verflüchtigt hat, zum Maßstab des Glücks. An ihm wird jede erlangte Erfüllung gemessen, und jede bleibt hinter dem höchsten Glück des Nichterlebten zurück.

Diese eine, absolute Liebe, die selten die erste ist, verläßt uns unser ganzes Leben nicht. Das Ungelebte birgt die Maßstäbe des Erlebens. In ihm erfahren wir, welche Erfüllungen unser Leben uns gewähren kann. Was in ihm möglich wäre, versöhnt uns unablässig mit dem, was es ist.

Denen, die uns diese Erfahrung bereiteten, sollten wir am dankbarsten sein. Sie statteten uns mit den Visionen aus, die uns im Leben halten, als wäre es keine Folge von Entbehrungen, sondern ein Reigen einlösbarer Glücksversprechen.

Keimdrüsen-Menetekel

Ein Maler, ein »produktiver« Mensch, stirbt am Keimdrüsen-Krebs, nachdem er, nicht mehr jung aber noch nicht alt, Vater geworden ist – kann es für einen, dessen Leben im Hervorbringen, wie das

Kunstmachen es ist, besteht, Schrecklicheres geben, als es durch die Folgen der Selbstzerstörung seiner Zeugungsfähigkeit zu verlieren?

Dieser Tod beendet nicht nur, wie jeder, ein Leben; er hebt seinen Sinn auf: als hätte es nicht sein sollen. Er beendet es nicht, er nimmt es zurück. (Kann es danach für das Werk eines Künstlers dieses Schicksals ein anderes geben als das vollkommenen Verschwindens?)

Eine grausamere Selbstverneinung des menschlichen Lebens scheint kaum möglich, außer ihr weibliches Gegenstück des Tod bringenden Gebärmutterkarzinoms.

Die Beendigung des Lebens als Folge der Selbstzersetzung der organischen Ermöglichung weiteren Lebens stellt als eine Form der Zivilisationskrankheit Krebs der Zukunftfähigkeit des Menschseins eine schlechte Prognose. Eine Menschenform, die dieses Schicksal nicht nur vereinzelt, sondern massenhaft erfährt, kann keine Zukunft haben.

Geburtsfehler

Am Beginn unseres Lebens steht ein passiv erlittener Vorgang, es beginnt mit dem Gegenteil einer Handlung. Wir werden geboren, wir kommen auf die Welt – aber »wir« tun nichts dabei, wenn auch sicher vieles dazu, andernfalls es nicht geschähe.

Diese Untätigkeit hat ihr Gegenstück in der von höchster Anspannung aller ihrer Lebensvorgänge begleiteten Untätigkeit der Gebärenden: auch ihr geschieht die Geburt, die sich vollzieht, ohne daß sie handeln würde. Handeln setzt die Möglichkeit des Unterlassens voraus.

Jeder Lebensbeginn ist ein Ereignis: etwas, das sich ohne bestimmenden Willen vollzieht.

Darin liegt die unlösbare Schwierigkeit der »Mündigkeit« begründet: daß dieses Leben sich selbst bestimmen soll, nachdem es begonnen hat – begonnen worden ist –, das seinen Grund nicht in sich selbst hat, ihn aber in sich finden muß, um überhaupt einen als seinen eigenen haben zu können.

Dieser Umstand ist gleichermaßen Quelle jeder Fähigkeit zur Transzendenz, zur Offenheit und Achtung gegenüber allem, was wir nicht sind, wie aller Verführbarkeit zum Unmenschlichen, der Gleichgültigkeit gegenüber unseresgleichen, die ebensowenig sie selbst aus eigenem Entschluß sind wie wir.

No funny Valentine, no more

Seit Jahren hatte ich darauf gewartet, ihn auch einmal auf einer Bühne erleben zu können. Die erste Gelegenheit sollte die letzte bleiben.

Dabei war sie gar keine gewesen.

Gesehen habe ich ihn damals zwar, auch einige Worte mit ihm gewechselt, doch spielen habe ich ihn nicht gehört. Seit jenem Winterabend in Köln war ich gleichsam auf die Todesnachricht »gefaßt« gewesen, war ich doch einem Menschen begegnet, der schon lange nicht mehr bei sich war.

Da ich auf eine Freundin wartete, die nach ihrer Probe noch dazukommen wollte, hatte ich in Eingangsnähe Platz genommen, dort, wo sich in jenem Club auch die Musiker und ihre Begleitungen um die Bar versammelten.

Wie nicht anders zu erwarten, kam er nicht pünktlich. Eine gute Stunde nach der als Konzertbeginn angesetzten, begann man an den

Nebentischen halb verärgert, halb amüsiert, Wetten abzuschließen, ob er endgültig nicht oder vielleicht doch noch auftreten würde. In seinem verständlichen Unmut erzählte der Club-Manager inzwischen, was für unvorstellbaren Ärger er nicht schon mit ihm gehabt habe; dieses sei nun jedenfalls wirklich das letzte Mal – womit er Recht haben sollte.

Als die ersten Zuhörer schon vor einer Weile wieder gegangen waren, nicht ohne ihr Eintrittsgeld zurückzufordern, das sie auch erhielten, gingen die Sidemen kurzentschlossen aufs Podium und begannen zu spielen, eifrig, froh, nun endlich in Aktion zu sein, doch wenig inspiriert: just one of those things.

Und dann geschah es doch. Mitten in einen trotzigen Chorus-Applaus für den Saxophonisten Teddy Edwards hinein erschien er: einen Trompetenkoffer unter jedem Arm, bahnte Chet Baker sich einen Weg durch den engen Gang, in dem die auf Wiederaushändigung ihres schon verloren geglaubten Geldes Wartenden sich drängten. Unentschlossen, ob man es nun noch nehmen oder nicht doch bleiben wollte, betrachtete man die unberechenbare Berühmtheit, als wäre er, der sich unterdessen an mein Tischchen gesetzt hatte, ein exotisches Tier, mit einer Mischung aus neugieriger Zudringlichkeit und vorsichtiger Zurückhaltung.

Da war er also, saß mir auf kaum einen halben Meter gegenüber – und war doch unendlich weit entfernt. Ich kannte seine Geschichte, hatte Photos gesehen, war also »vorbereitet«; dennoch war ich entsetzt. Ich sah in das zerstörte Gesicht eines Menschen, der sich verloren hatte.

Er war zwar nun hier, an diesem Ort, doch nicht da. Seine Außenwahrnehmung mußte extrem vermindert sein: in einer Frostnacht ging er in offenen Sommersandalen. Eine kaum erträgliche Spannung hielt seinen zitternden Körper in ihrer ziellosen Gewalt, am Rand der Beherrschung. Die tief verhangenen Augen waren ohne wirklichen Blick, ein flackerndes Umherirren im Raum hatte ihn überwältigt. Ein stummes Stöhnen wand seine gekrümmte Gestalt, auf sein vis-à-vis das bedrängende Empfinden übertragend, als müsse er daran sein, zu zerspringen.

Es hielt ihn nicht. Der selbstquälerische Zwang, sich zu »fassen«, wollte nicht wirken. Er war auf der Flucht. Aber vor nichts, das sich hätte bestimmen lassen; kaum diesem entronnen, würde er auch den nächsten Ort wieder fliehen müssen. Die niemanden ansehenden Augen waren flehend auf der Suche nach dem Ausweg. Eine lauernde Wahrnehmung, die sich an nichts und niemanden gezielt heftete, hatte jegliche Kommunikation verdrängt. Weder ließ er sich wirklich ansprechen, noch sprach er gezielt zu jemandem. Die wenigen Worte preßten sich aus ihm hervor, wie sie gerade kommen wollten. Das ihm hastig in beruhigender Absicht gereichte Glas Bier trank er kaum zur Hälfte aus, in kurzen Zügen, so, als könnte er nicht sicher sein, auch schlucken zu können. Mit maßlos trauriger Knabenstimme verlangte er, ihn wieder ins Hotel zurück zu bringen, mehrere Male.

»Is it his band or my band?« Das war der Ausweg. Die in die Enge, den Club voller Voyeure, in den die Welt sich ihm seit unerträglich langen Jahren zusammengezogen hatte, ohne daß es noch eine andere Weite als die seiner Chorusse hätte geben können, die in die Enge getriebene Kreatur rettete sich in die Eitelkeit des exzentrischen Künstlers, der beleidigt darauf besteht, der leader zu sein.

Daß der seit Jahrzehnten Weltberühmte in seiner Not so fragen konnte, entblößte den an der Wurzel seiner Existenz zu kurz Gekommenen, den stets hilflos noch der kleinsten Verletzung Ausgelieferten, zu der noch geraten konnte, was die anderen doch nur gut, zu seiner Entlastung meinen mochten. Das Zureden der ihn Umstehenden, man sei doch nur seinetwegen gekommen, alles andere sei doch unwichtig, hörte er, der Verfolgte, nicht.

Seiner selbst nie gewiß, war er schließlich fähig zu existieren, wenn auch kaum zu leben, nur noch durch die gnädige Entrückung des unzumutbar Wirklichen in den mörderischen Verwandlungsgaukeleien der Droge geworden. In der désinvolture des Rausches, dessen Verklingen das Elend nur um so härter zugreifen ließ, wie es ihm an diesem Abend geschah, kam er so weit zu sich, der Musiker sein zu können, der er war. Seine Kunst war nicht sein Leben; sie war an dessen Stelle.

Es ist ein furchtbarer Preis, den der Jazztrompeter Chet Baker für seine ergreifend vollkommene Musik zahlen mußte, seit sein Leben begann. Ich war froh, daß er seinen Ausweg gefunden hatte und, einen Instrumentenkoffer unter jedem Arm, den Ort so unauffällig floh, wie er ihn betreten hatte. Ich war froh, daß er nicht spielte. Wie hätte man es über sich gebracht, zuzusehen, wie einer sich die Seele aus dem Leib spielt, der sie schon lange nicht mehr hat und kaum noch auch nur über diesen Leib verfügt? Der erbarmungslose Voyeurismus der Fans wäre an ihm zur obszönen Untat geworden. So ließ ich denn auch eine zweite Gelegenheit, ihn ein Jahr später in einer nahegelegenen Bar zu hören, verstreichen, indem ich es von Tag zu Tag verschob, Karten zu kaufen, bis es verpaßt war.

Ich hatte an jenem Abend zu erleben gehabt, daß es dies wirklich geben kann, daß einer lebt, ohne am Leben zu sein. Allen Neoromantikern, die die Kunst gegen das Leben preisen, wünschte ich einen gleichen Moment vollkommener Ernüchterung wie den Blick in das zerstörte Gesicht des Chet Baker.

An diesem Künstler vollzog sich so etwas wie die beschleunigte Entropie des zur Selbstverleugnung unfähigen Subjekts – nur wer von sich absehen kann, wer nicht verurteilt ist, in sich verschlossen zu bleiben, hält es in einer Welt ein wirkliches Leben lang aus, die voll der gleichgültig-feindlichen Andersheiten ist. Die Kunst aber bleibt deren teuflische Komplizin, solange sie wie die Musik Chet Bakers eine der Selbsteinkapselung ist. Sie war zu schön, um rettend sein zu können. Ein über das unvermeidliche Maß hinaus schrecklicher Tod droht dem, der vor ihm als der Welt in die Schönheit flieht: ein Un-Leben als ständiges Sterben.

Wir machten uns am nächsten Morgen nach einem langen Konzert der Begleitcombo recht schweigsam auf den Rückweg, nicht nur, weil wir müde waren. Nun weiß ich, daß ich damals wußte, ohne es mir recht zu gestatten, diesen Mann nicht lebend wiederzusehen. Seit der Nachricht, daß er auf gräßliche Art zu Tode kam, habe ich es lange vermieden, seine Musik zu hören.

Wem es so schwer ist, zu leben, müßte sich vor der Kunst, die ihm allein darüber hinweghelfen kann, hüten wie vor nichts sonst. Wem es nicht gegeben ist, zu leben, dem wird die Lebensermöglicherin Kunst zum Verhängnis.

(1988)

Er oder ich

Was einem zu nah ist, hält man besser auf Distanz; oder es kann einem geschehen, daß ein anderer mehr man selbst ist als man selbst. (Goethe hatte Glück, auch hierbei: Schiller starb rechtzeitig.)

Paul Quinichette hatte seine Wahlverwandtschaft zu Lester Young schließlich so blind verinnerlicht, daß dieser nicht mehr wußte, wann Lester Young wirklich spielte: wenn er selbst oder sein Nachahmer das Tenor blies.

Dienerstolz

Auf Gesten der Höflichkeit trifft der Zeitgenosse immer seltener. Solche der Gleichgültigkeit, wenn nicht demonstrativer Unachtsamkeit, gehören zum alltäglichen Umgang zwischen Menschen, die einander als Funktionen begegnen.

Und zwar gar nicht einmal so sehr als Funktionen, die sie fürein-ander haben oder haben könnten. Das Interesse an der Möglichkeit, jemanden für die eigenen Zwecke einzusetzen, wirkt hier nicht bestimmend. Taxiert wird der andere nach der Funktion, die er für andere erfüllt – die Skala achtungslosen Ansehens bemißt sich nach der Größe der Sphäre, in deren Diensten einer steht.

Auf jemandes Unabhängigkeit ist niemand mehr eifersüchtig: alle sind es auf alle, deren Dienst umfangreicher ist als der eigene.

Sinnstiftung

›Sinnvoll‹ ist ein Leben, das den ›Widerstand der Welt‹ überwindet, sich ihm entgegensetzt, ohne auf die Art, wie dies geschieht, dazu beizutragen, daß er für andere noch wächst.

Der Faschismus hat das Grauen der Welt, ihren Widerstand gegen ein menschliches Leben, ins Unermeßliche gesteigert, indem er mit seinen Vernichtungstaten dem törichtsten aller törichten Impulse nachgab, es ein für alle Male und absolut aus der Welt zu schaffen.

Kaspars Opfer

Die Welt, das sind die Menschen, mit denen man lebt, und von denen man Kenntnis hat. Kaspar Hauser, der keinen Menschen gekannt hatte, wußte sich in der Welt nicht zu bewegen, in deren Schrecknisse hinein er befreit worden war. Einen wie ihn kann es nicht geben. Sein Tod war ein Akt reiner Offenbarung der reinen Seins-Logik der Welt. Daß sie sich nur in Opfern wie diesem zu erkennen gibt, ist ihre Schuld, die alle Menschen-Schuld aufhebt.

Vaterschaftsklage oder
Betrogen bis ins letzte Glied

Das selbst Vater gewordene unerwünschte Kind, das sich zeit seines Lebens als vom Leben ausgeschlossen erfährt, lebt seinem Kind des Lebens Unzumutbarkeit, schließlich dessen Unmöglichkeit auf eine Weise vor, daß es seinerseits von seinem eigenen Leben ferngehalten bleibt, da es sich nicht vorstellen kann, in dieses Leben zu gehören, weil es die Selbstverständlichkeit der Lebenszugehörigkeit an den Menschen, an deren Beobachtung es sein Leben zu lernen hat, nicht wahrnahm. So pflanzt die Lebensuntüchtigkeit sich fort, bis sie zur Lebensunmöglichkeit geworden ist und der letzte in der Fortzeugung der Tragödie unfruchtbar zu bleiben droht. In der Unfruchtbarkeit des Erben fände der Verdacht des Ahnen gegen das Leben sich bestätigt. Dann wäre der Fluch vollendet.

Flohmarkt

Was ist es, das einen so unangenehm berührt, sobald man auf Überbleibsel einer vergangenen Zeit trifft, der man selbst angehört hat? Was, das einen bei der zufälligen Begegnung mit solchen ermüdeten Zeugnissen so unerwartet trifft, angesichts verblichener Werbeschriften auf verkommenden Fassaden von Häusern, deren Besitzer, die sie anbringen ließen, lange tot sind, die man noch kannte; angesichts von Kleidungsstücken, von denen man sich nur mit Widerwillen daran erinnern läßt, daß man »so etwas« auch einmal getragen hat; angesichts ihre Farben verlierender Fotos von Gemeinschaften, deren im Schnappschuß festgehaltene Herzlichkeit einen nur noch peinlich anmutet?

Es ist das Unverwandelte.

Die Furcht, jene Epoche könnte noch nicht wirklich vorüber sein, obwohl sie doch ohne Zweifel vergangen ist, dessen sicherstes Zeichen gerade dieses Unbehagen bietet: die Furcht, man wäre in der Gegenwart nicht angelangt.

Es ist die Angst, die Zeit sei einfach vergangen, ohne einen mit sich geführt zu haben.

Aufschub erwünscht

Das Stundenläuten der Kirchenglocken, sommers bei geöffneten Fenstern von günstig gehendem Wind in der Mittagsträgheit, bei einbrechender Dämmerung herübergetragen, dieses letzte Relikt aus einer Zeit, in der die Welt zwar nicht in Ordnung, aber noch überzeugt war, eine zu haben, es fehlte mir, verschwände es mit den wenigen noch verbliebenen Spuren des Christentums.

Malereien eines Nichtmalers

Wäre ich Maler, ich malte Serien von Ding-Portraits.

Dabei dürfte es sich um keine Stilleben handeln. Es wären Charakterstudien von Dingen mich umgebender Alltäglichkeit, einer Tasse, eines Glases, eines Füllers, einer Kerze, eines Bildschirms, eines Schuhs. Dabei ginge es mir nicht um die Darstellung ihrer Sichtbarkeit in meiner Wahrnehmung. Ich versuchte, in Farben hervortreten zu lassen, welchen Eindruck sie mir in kontemplativer Betrachtung von ihrem Wesen vermitteln, davon, was sie sind. Ihre bildhafte Wiedererkennbarkeit wäre damit nicht in jedem Fall verbunden. Eine ovale Bewegung, in Ocker wiedergegeben, mit ins Grüne übergehenden inwärts gerichteten Ausfransungen etwa könnte ein Schuh-Portrait sein.

Das wäre eine »ontologische« Malerei. Sie würde wahrscheinlich als unmodern aufgefaßt, denn die Malerei der Moderne, eingeschlossen die bisherigen Versuche zur Nachmodernität, war »erkenntniskritische« Malerei. Darin hat sie den Impressionismus bis heute nicht hinter sich gelassen.

Ein Maler, der sich derartiges zu tun vornähme, müßte zuvor Giorgio Morandi vergessen, oder dürfte ihn nie gekannt haben. Nichts ist so verhindernd wie die Inspirationen, wenn sie nicht direkt von dem ausgehen, woran wir sie zu erproben beabsichtigen. Man darf sich nur Wünsche zur Produktivität eingeben lassen, aber keine zu möglichen Verwirklichungsformen.

Dahin muß man es bringen, seiner Sache ohne Vergleich gewiß sein zu können.

Rue Nicolo oder Hat nicht sollen sein

Das nie erklingende Lachen des Kindes, das nicht geboren werden konnte, ist trostloser als das Schweigen des Kindes, das gestorben wäre, aber doch gelebt hätte.

Das Nichtseinkönnen eines ins Dasein gewünschten Wesens ist unverzeihlichere Schuld der Welt als sein Verlust.

Am Ende läßt sich verschmerzen, daß vergehen muß, was lebt; nicht, daß nicht leben kann, was hätte leben sollen.

Ohne Rückkehr

›In die Welt gehen‹, sagte man vor Zeiten, um zu beschreiben, wenn einer seinen angestammten Ort verließ, seine Herkunft hinter sich brachte und sich in die Fremde begab.

Die Welt, sie ist anderswo, als man selbst gerade.

Manch einer kehrte zurück, ›heim‹, nachdem er es ›dort‹ ›zu etwas gebracht hatte‹.

Aus der Welt aber gibt es keine Rückkehr, man kehrt aus ihr nicht heim so, wie man aus Amerika, aus Spanien, von einer Reise, einer Wanderschaft, aus den Ferien, selbst einer Emigration zurückkehrt. Denn man kann sie nicht verlassen.

Selbst die Reisen ins All, die bereits derart zu einer unvordenklichen Routine geworden sind, daß sie vorerst keine große Zukunft zu haben scheinen, machen davon keine Ausnahme: in ihren die Erdatmosphäre künstlich herstellenden Raumanzügen werden auch künftige Weltalltouristen sie mitnehmen müssen.

Wellenlauf

Am Ufer sitzen, einen Stein ins Wasser werfen und zusehen, wie die Wellen, die sein Eintauchen auslöst, sich ausbreiten und verlaufen – Bild des Handelnden.

Schrecklicher Trost

»Jeder Mensch trägt einen Zauber im Gesicht: irgendeinem gefällt er.«

Trügerisch wäre sie, wollte einer aus diesem Tagebuchfund Friedrich Hebbels in bedürftiger Lage Ermutigung ablesen. Auch hier bleibt dieser so notvertraute Beobachter tatsächlich trostlos, müßte doch die sich aufdrängende Suggestion, wenn es so sei – und daran ist kein Zweifel –, brauche man nur geduldig genug zu suchen, ins Leere gehen: dieser »irgendeine«, der *der* eine, *die* eine zu sein hätte, läßt sich nur finden, *ohne* Ausschau gehalten zu haben.

Könnte es eine größere Beunruhigung, einen tieferen Grund zur Verzweiflung geben, als zu wissen, daß irgendwo der eine einem zugehörige Mensch existiert, ohne daß es eine Möglichkeit gäbe, ihn jemals ausfindig zu machen, außer im unbeeinflußbaren reinen Zufall?

Solch schrecklichen Trost findet nur der Tragiker, dem sich alles zum Zeugnis der Vergeblichkeit verwandelt.

Da hilft nur, sich der Unbestimmtheit in diesem »irgendeinem« uneingeschränkt anzuvertrauen: gleichgültig, wer es sein wird, wenn einer sich nur einstellt.

Hundebiß

Der Anflug von Scham, die man unter dem latenten Erwartungs-
druck seiner näheren und nächsten Umgebung, doch zu berichten,
empfindet, sobald einem ein Unglück zugestoßen ist, wie geringfü-
gig und unverschuldet es auch sein mag, offenbart für einen Moment ein verborgenes Gesetz des Miteinanderlebens: daß einem
kein Unglück zustoßen darf, und, ist es doch einmal geschehen,
man keine Hilfe zu erwarten hat. Der Unglückliche hat keine Ansprüche mehr.

Jene Scham büßt für die Übertretung des Gebotes, die allein
schon in der Bereitschaft zum Bericht des Geschehens liegt, in dem
immer eine Herausforderung von Hilfe mitschwingt.

Auch dies ist ein Symptom tiefsitzender Weltlosigkeitsdisposi-
tion. Weil es für ›den‹ Menschen keine außer der Hilfe gibt, die er
sich selbst leistet, flieht er als Einzelner selbst unter seinesgleichen
die Hilfserwartung. Jeder Eintritt einer Lage, sie erfüllen zu müssen,
mahnt an eine mögliche letzte Verlorenheit.

Das eilige Passieren des Unglücksortes ist ein bewußtloser Akt
jener Metaphysik der Weltlosigkeitsdrohung, die jedem einzelnen
eingeboren ist.

Gruß von ferne

Das seltsame Empfinden, man hätte einen Verstorbenen, den man
nicht kannte, dessen Bekanntschaft man nur knapp verfehlte, gern
gehabt, sich mit ihm gut verstanden, wäre einander in wechselsei-
tiger Sympathie zugetan gewesen – .

Nach der Natur oder Geteiltes Leid ist doppeltes Leid

Der Kummer, den es zusätzlich bereiten muß, zu erleben, wie der Partner von eigenem Unglück in Mitleidenschaft gezogen wird, kann es nur vergrößern.

Aber die Einsamkeit, die allein davor bewahren könnte, ertrüge man in der Lage am wenigsten.

In solch unauflösbaren Widersprüchen zeigt Gesellschaft Naturform, ist der Grundvorgang organischen Lebens doch Verdoppelung durch Teilung.

Daß dies um den Preis der Halbierung des Verdoppelten geschieht, hat ebenso seine genaue Parallele in Gesellschaft, indem geteiltes Leid die Lust am gemeinsamen Leben vermindert, erst schleichend, schließlich überstürzt.

Duft der Welt

Mein Lesekasten war ein Schulbuch.

Noch heute geschieht es, daß ich mit einem Mal den herrlichen Duft nicht nur erinnere, sondern ihn wieder in der Nase habe, der vom Papier meines allerersten Lesebuches ausstrahlte. Ihn das erste Mal zu riechen, war eines der glücklichsten Versprechen. In ihm bot sich mir alles an, versprach sich mir mein Leben. Jedes Wiederauftreten der sinnlichen Sensation erneuerte die Verheißung.

Bewußt geworden ist es mir, da ich in einer Wohnung lebe, die nur wenige Schritte entfernt von dem Haus gelegen ist, in dem sich die Buchhandlung befand, in der ich dieses Buch, nach einer mir unendlich erscheinenden Wartezeit, da es nicht vorrätig gewesen war und hatte bestellt werden müssen, in Empfang nahm, diesen Duft zum ersten Mal atmend, voller erwartungsfroher Spannung. Lesen hatte ich bereits gelernt. So erweiterte sich die Freude des Lektüre-Erlebnisses unbehindert von der Mühsal erster Entzifferungsversuche zu einem unendlichen Glücksgefühl.

Nur die Geschlechtlichkeit birgt ebensolche Momente eines sich im Augenblick erfüllenden und unendlich erneuernden Versprechens.

Am Strand, bei bewegter See

Wie sanft sie ihn auf den Strand legen, die Ausläufer der Wellen, die den Stein hertrugen, nachdem sie ihn eine unermeßlich lange Zeit um und um bewegt haben müssen, bis er so flach und leicht wurde, wie er nun da zu liegen kommt, von kleinen weiß aufschäumenden Gischtblüten umspült, die um ihn her einen Wirbel bilden, der ihn noch einige Male ebenso sanft wieder anhebt, bis er von den Ausläufern der nachrollenden Wellen so langsam ins Meer wieder zurückgezogen wird, wie er aus ihm hervorkam – Bild des Ewigen als Unablässigkeit solcher Bewegung, statt als Dauer eines Zustandes. Wie einfach, und unentschlüsselbar rätselhaft. Und unendlich beruhigend.

(Panarea, September 1996)

Ungeklärter Fall

Aufschrift auf einem Kondom-Automaten: Tod der Liebe!

Wem oder wessen?

Erklärt da einer der Liebe seine Todfeindschaft, oder warnt er alle vor der liebetötenden Wirkung des Utensils, die es sich hier verschaffen wollen?

Beides hätte seinen vertretbaren Sinn.

Das einzig wirksame Mittel gegen die Schrecken der Welt und des Lebens in ihr ist unter Menschen die körperliche Liebe, weshalb es sehr angebracht erscheint, allem zu mißtrauen und alle, die es noch nicht wissen könnten, vor dem zu warnen, was sie in irgendeiner Hinsicht beeinträchtigen könnte, wie eine Plastikhaut, die die Schleimhäute voneinander trennt, deren engste Berührung größte Lust bereitet.

Daß man Opfer einer der neuen furchtbaren Schrecken werden kann, die die Welt für uns bereithält, wenn man für diese Trennung keine Vorsorge trifft, die Verwirklichung der Liebe einen noch unabwendbaren abscheulichen Tod zuziehen kann, das ist eine der ausgemachtesten Teufeleien, denen unser Leben sich ausgesetzt findet: wenn das Mittel gegen das Übel ein noch schlimmeres bewirkt, ist es absolut geworden, losgelöst von allen menschlichen Behauptungsmöglichkeiten. Aids hat bis auf weiteres alle Gegner jeder Art von Weltverneinungsmetaphysik ihrer Einwände beraubt.

Beide Warnungen, wie sie im unentschiedenen Fall des Schmierers liegen, heben einander so sehr auf, wie sie angebracht sind, die vor dem sinnlichkeitsvermindernden Effekt des Verhütungsmittels ebenso wie die vor der Liebe, der man nur selbst den Tod, ihr Verschwinden wünschen kann, wenn sie den Tod heraufbeschwört und vor der Ansteckung mit seinem Keim außer dem vollständigen

Verzicht auf sie nur dieses liebeshemmende Stück Plastik bewahren zu können scheint.

So oder so, ob Dativ oder Genitiv, die Liebe verliert hier in jedem Fall.

Büro-Schicksal

Das Aufatmen ist groß, endlich ist man ihn los, viel zu lange hat man sich noch mit ihm herumschlagen müssen. Der Nachfolger, hoch willkommen, wird umhegt und umworben.

Dieser macht sich mit Elan auch ganz so nützlich wie erwartet. Und genießt den Status des Überwinders.

Das geht so eine ganze Weile. Bis er zum ersten Mal unangenehm auffällt. Zunächst kaum beachtet, ein unwilliges Achselzucken hier, ein verzogener Mundwinkel da; dann schon deutlicher, erste Nachrede hebt an hinter der Tür, die er hinter sich schloß. Aber bei seinen bewiesenen Qualitäten sieht man es ihm nach, es wird schon seine Gründe haben, er ist ja auch nur ein Mensch und hat Streß. Eine Weile ist man geneigt, nach Entschuldigungen zu suchen. So kennt man ihn doch gar nicht. Doch allmählich verfliegt diese Neigung.

Bis, mit einem Mal, das Nachsehen ausbleibt. Und siehe da, hatte nicht auch der Vorgänger seine Meriten? Der war ja schlimm, sicher, aber das hätte er sich denn doch nicht geleistet. Schließlich wird es heißen: sein Vorgänger, das war noch einer.

So ist es um den neuen Mann geschehen, und aus dem Nachfolger ein erwünschter Vorgänger geworden. Der Kreis ist geschlossen, und eine Stellenausschreibung über kurz oder lang fällig.

Sic transit stupor mundi.

Verfallsdatum

Ein Griechen-Deutscher, etwa dreißigjährig, ein Kleinkind auf dem Arm, zu seinem gut doppelt so alten Begleiter gewandt, Einwanderer der ersten Generation, im Begriff, in ein Café der griechischen Szene einzutreten, in reinem Deutsch: weißt du, wie lange ein Mann mit einer Frau wirklich zusammenleben kann? Ein halbes, höchstens ein Jahr. Dann lernt er sie richtig kennen, und hat die Schnauze voll.

Verächtlichkeit wird finden, wer im anderen nichts sucht als seine Lust.

Untertöne

Das leichte Zittern in der Stimme der Frau, die sich überwunden hat, und dem Mann, dessen Zuneigung sie nicht teilt, ihre guten Wünsche mit auf die Reise gibt, die er gemeinsam mit ihr hatte unternehmen wollen, bewahrt ihm seine Glücksfähigkeit. Es versöhnt ihn für einen zukunftöffnenden Augenblick lang mit der falsch eingerichteten Welt, stärker, als jede Form des entbehrten Zusammenseins es täte.

Einer wie alle

»Soll jeder so leben, wie es sich gehört,
dann kommt er auch nicht in Not!«
Angestelltenweisheit im Jahr 2001

Nach der Logik der Gewöhnlichkeit ist ein Unglück immer verdient. Der Schuld enthoben ist nur, wer im Kreis des Gemeinen verharrt.

Wer das mißachtet, muß sich auf die Kunst des Verborgenlebens sehr gut verstehen.

Zu früh zu spät kommen

Einer, der von früh auf statt zu Gleichaltrigen, die ihm uninteressant erschienen, eher zu Älteren Neigung empfand, bemüht sich, ihnen in dem Metier, das er ergreift, ebenbürtig zu werden. Er erreicht dies schließlich.

Als er mit einem Mal feststellt, daß es die Gemeinschaft, deren Teil zu werden sein Bestreben war, ohne daß er es gewußt hätte, nicht mehr gibt. Die Partner des erworbenen Ranges gehören seiner Gegenwart nicht mehr an. Wohin er strebte, war Teil der Zeit, die verging, als er seine Zugehörigkeit erarbeitete.

So ist er eine Generation zu früh gealtert, indem er eine zu spät reifte.

Diesem Fluch der Vorbilder entginge nicht, wer keine hätte; nur, wer die, die er nicht entbehren kann, so früh wie möglich zu verraten wüßte.

Pornosophie

Seit den ersten Bildern an den Wänden der Höhlenbehausungen unserer Vorzeiten, deren »Freizügigkeit« bei manchen Zeitgenossen ihrer Entdeckung noch Anstoß erregte, gilt: Menschen wollen ihre Natur sehen, und sich zeigen, was sie zu sehen bekommen haben. Oder umgekehrt: Wesen, die ihre Natur sehen wollen, sind Menschen.

Seitdem erfüllt das Begehren des menschlichen Sehsinns nichts so sehr wie Pornographie. Mehr noch als die Welt, die wir unablässig sehen müssen, um in ihr nicht jeden Moment umkommen zu können, wollen wir *uns* sehen. Der größte Komplize und Stimulator menschlicher Sexualität ist der Spiegel, und das Bild der Geschlechter in actu.

Daß wir uns als Bild zu sehen geben, was uns mit allen Säugetieren verbindet, macht uns zu dem, was wir sind, seitdem die Augen zum Organ des Schutzes vor den Risiken wurden, die das Aufrechtgehen in einer gleichgültigen Welt heraufbeschwört. Daher: nichts Humaneres als Pornographie. Der Mensch ist das einzige Tier, das sehen will, was es, und *wie* es dies ist.

Verhört

Mit scharfem Stich im Vagusnerv war ich aufgewacht. Klopfenden Herzens hörte ich hinaus in die späte Nacht. Aber es blieb still.

Ich mußte den Schrei, dem ich angestrengt nachlauschte, geträumt haben.

Wenn aber nicht, suchte ich mich zu beruhigen, war es wohl einer jener unheimlichen Laute gewesen, wie sie läufige Katzen in beklemmender Menschenähnlichkeit hervorbringen. Damit fiel ich in einen oberflächlichen Schlaf zurück. Die Unruhe des frühen Erschreckens hielt den folgenden Tag über an.

Die Scham, die mich ergriff, als wir einige Tage später erfuhren, in jener Frühsommernacht habe nur einige Häuser weiter eine Frau versucht, sich in den Tod zu stürzen, der sie erst tags darauf in einer Klinik von den Verstümmelungen des mißglückten Versuchs erlöste, hat lange nachgewirkt. Ich hatte ihn also gehört, den Schrei, und die Not, die ihn ausstoßen ließ, im eigenen Leib gespürt.

Bestürzender als der Umstand, daß die Äußerung menschlicher Todesnot wie Nichtmenschliches wahrgenommen werden kann, daß die Äußerung des Menschen in Todes-Not nicht mehr menschlich ist, verstörender als deren akustische Verwechselbarkeit mit tierischer Lust ist das mangelnde Vermögen, das sich in ihr zeigt, eine doch offenbar untrügerische Intuition des Leibes ebenso zuverlässig auch zu verstehen. In der Bewußtlosigkeit des Schlafs hatte mein Körper im Augenblick seiner Unterbrechung sofort verstanden, um was es sich handelte; schon in der Halbsekunde darauf gelang dem erweckten Bewußtsein das nicht mehr.

Darin liegt etwas von diabolischer Belustigung, von tierischem Hohn auf die Anmaßung und verächtliche Überheblichkeit, mit der wir den Tieren begegnen. Ihre Mißachtung ist nur ein Gegenstück der Gleichgültigkeit, die wir uns untereinander bezeugen. Zur Strafe verwechseln wir uns mit ihnen.

Dazu gehört, daß Liebe zum Tier bis zu militanter Ereiferung unter Menschen verbreiteter ist als Aufmerksamkeit für ihresgleichen.

Fleischwurst, Senf und Zwiebelringe oder Des Wahnsinns Nahrung

Einige wenige Male war ich bei den Nachbarn im Parterre zu Gast. Staunend beobachtete ich den Mann sein Abendbrot bereiten: wie er auf dicke Scheiben Brot noch dickere Scheiben Fleischwurst und auf diese Zwiebelringe legte, nachdem er sie mit Senf bestrichen hatte.

Mein fasziniertes Begehren blieb nicht verborgen, und eines Abends bekam ich mein Teil ab. So lernte ich früh kennen, um wie vieles besser, voll verhaltenen Abenteuers, es bei Nachbarn schmeckt, wie ich es später bei Ernst Bloch beschrieben fand, die Gerüche lockender Fremde wieder aufsteigen lassend.

Des Nachbarn Art, seine exotische Mahlzeit in schweigender Konzentration bedächtig zuzubereiten, den Genuß mit verzögernder Vorfreude hinausschiebend, war voll selbstgenügsamer Heimlichkeit, täglich wiederholt wie unter Beschwörungszwang, ein Ritual. Die dem Kind gereichte Schnitte machte mich zum verständnislos Eingeweihten.

Das Geheimnis erschloß sich nicht, es blieb bei dieser einen Teilhabe.

Es kann nicht viel später gewesen sein, daß er »verrückt« wurde. Das vollkommen unwahrscheinliche Bild des nun schreienden und tobenden Mannes, der ans Bett gefesselt werden mußte, den ich nicht anders als schweigsam verschlossen kannte, hatte ich lange vor Augen, sobald ich das Haus betrat, sei es, daß ich den ins Unheimliche Verwandelten einmal zufällig durch die unachtsam offen stehen gelassene Wohnungstüre gesehen, sei es, daß man mir sein Unglück erzählt und ich die Szene daraufhin geträumt hatte.

Irgendwann war er verschwunden. Getreu seiner Unscheinbarkeit im Leben, war nach seinem wahrscheinlichen Tod schon bald von ihm keine Rede mehr, und auch seine Frau zog wenig später fort.

Die Türe, hinter der sie wie verborgen gelebt hatten, barg noch lange einen Schrecken, an den jedes Wurstbrot mahnte.

Keine Entsprechung

»Der Penis denkt anders als die Vagina. Alles, was sich an Unstimmigkeiten zwischen den Geschlechtern an den Tag gibt, beruht eben darauf.«

Damit hat der minimalistische Moralist Albrecht Fabri – wie fast immer – sicher Recht. Aber die Unstimmigkeit reicht tiefer.

Die Nichtentsprechung ist nämlich nicht äquivalent, sondern querstrebig. In der Frau denkt nicht die Vagina, sondern die Gebärmutter; im Mann aber denkt statt ihres Gegenstücks, der Hoden, der Penis.

So gibt es zwischen ihnen nur Mißverständnisse, glückliche, unglückliche oder unbemerkte.

Nur die letzteren gewähren die Illusion geteilten Glücks. Aber dann vollkommen.

Metabolismus

Wir sind Elemente im Stoffwechsel der Welt. Sie ist, indem wir als Einzelne in ihrem Seinsprozeß verwertet werden.

Dies anzunehmen, ist das Gegenteil verletzender Herabwürdigung unserer Existenz. Denn wenn es so ist, bedeutet es, daß wir der Welt notwendig sind. Sie bedarf unserer.

Deswegen behandelt sie uns so gleichgültig, weil ihr alle Menschen ohne Ausnahme und Unterschied als Seinselemente unentbehrlich sind.

Aber das begründet keine Äquivalenz zwischen ihrem und unserem Sein: ohne uns wäre sie anders, aber sie wäre; ohne sie wären wir nicht.

Darin muß keine Abwertung der menschlichen gegenüber anderen Lebensformen gesehen werden, wozu die Neigung proportional zu den Schwierigkeiten, die sie mit sich selbst zu haben überzeugt ist, zunimmt. Es kann eine beruhigende Ermutigung sein: was immer wir uns von der Welt zunutze machen, um Menschen zu sein, es wird sie nicht in Frage stellen.

Geschähe dies bei der Begrenztheit unserer Verfügungsmittel gegen alle Unwahrscheinlichkeit dennoch, würde sie uns zur eigenen Sicherung »verbrauchen«. *Sie* ist das Letzte, worum *wir* uns sorgen müßten.

Geschlechterökologie

Die Frau schläft lieber mit einem Mann, der die Natur an ihr vollzieht, als einem, der sie in ihr achtet. Jener nimmt, ohne zu fordern; dieser erwartet, ohne zu nehmen.

Jener qualifiziert sich für lebenssichernde Gemeinschaft, indem er sich auf das versteht, was getan sein muß; dieser für die Erfüllungen nebenher, indem er sich auf das versteht, was überflüssig ist.

Der Mann schläft lieber mit einer Frau, die die Natur dabei verleugnet, und ihn damit vom Notwendigen suspendiert.

Übergang

Auch wenn sie sicher nicht stimmt, da es wahrscheinlich schon längst irgendwo geschehen ist, bezeichnet die aus Amerika kommende Nachricht, das erste menschliche Embryo sei geklont worden, eine der ganz wenigen welthistorischen Schwellen. Mit der damit auf den Menschen übergreifenden Mechanisierung des Organischen tritt die totale Mobilmachung in ein neues Stadium. Nun beginnt ein Äon. Die Grenze ist überschritten. Irreversibel.

Und es ist gut so. Je eher das Unabwendbare, das geschieht, auch in Erscheinung tritt, desto besser.

Mit seiner Legitimität ist das nicht zu verwechseln.

Den »neuen Menschen« wird dieser Übergang noch lange nicht hervorbringen; aber seinen für einige kurze Jahrzehnte übersehenen Mythos zu neuer bewegender Kraft wiederbeleben. Und nun, da es sich um die reine und freie Wissenschaft handelt, mit bestem Gewissen.

Man wird in Zukunft den »alten Menschen«, dessen wir überdrüssig sind, wie unsere Großväter es schon waren, nicht mehr in individuellen Exemplaren morden müssen, um ihn loszuwerden. Es wird reichen, ihn aussterben zu lassen.

Das ist die definitive Niederlage des Nationalsozialismus, der die Abschaffung des »alten Menschen« auf die welthistorische Agenda brachte – und sein Triumph in eins. Hitlers wahre Erben müssen sich auf ihn nicht mehr berufen, um sein Unwerk fortzusetzen, ja eines nicht mehr fernen Tages dazu von ihm nicht einmal mehr etwas wissen. Das Böse triumphiert als Verheißung des Guten. Jeder Widerstand dagegen muß als böse erscheinen.

Von diesem Jüngsten her fällt verwirrendstes Licht zurück auf Ältestes unserer Kultur – : das Neue Testament muß von den klügsten jener Gnostiker ersonnen worden sein, die das Beste durch das Böseste zu erzwingen hofften. Noch Luther, der mit seiner Übersetzung die deutsche Sprache schuf, zögerte nicht, sich mit den Schlagetots zu verbünden, um seine Heilsvision über diese Welt hinaus fest in ihr zu verankern.

Abwesend anwesend

Mein Abendgang führt mich auch am Atelier des vor kurzem gestorbenen Malers vorbei. Kein Licht lädt mehr dazu ein, hinein zu schauen.

Nie, als er dort noch arbeitete, habe ich so deutlich seine Anwesenheit gespürt wie bei diesem Vorübergehen; als schaute er aus dem Dunkel des verlassenen Ateliers zu dem Passanten hinaus.

Verbittert, wie er lange war, wird er im Zorn geschieden sein, und hat sich nicht lösen können.

Als wäre er nun, da keiner mehr zu ihm kommen kann, erst da.

Geduldiges Papier

Die nasse Kälte bei schneidendem Frostwind wurde unerträglich, das Stöbern bei den Antiquaren, die ihre Tischreihen unverdrossen einige Straßen hinter der Nationalgalerie entlang aufgebaut und hauptsächlich mit Beständen aus DDR-Produktion bestückt hatten, war unergiebig geblieben und dabei, sich in Überdruß zu verkehren, die Heinrich-Mann-Bände, die ich gerne gehabt hätte – aus der, kaum erschienen, wieder zurückgezogenen und eingestampften Kantorowicz-Ausgabe – , waren zu schlecht erhalten und zu teuer, so daß ich mein Umherstreifen abrupt abbrach und, um der immer tiefer in mich eindringenden Kälte Einhalt zu tun, zur nahegelegenen Humboldt-Universität mehr hinüber rannte als ging, mich dort etwas aufzuwärmen und für meinen Vortrag den nächsten Tag zu orientieren.

Ich war schon da.

Ich konnte es nicht lassen und schaute auch hier die in langen Reihen ausgelegten Bücher genauer an, meine Sehnsucht nach Wärme zurückhaltend, und entdeckte unter ihnen, mit stark verblichenem Umschlag, manchen Sonnentag lang mußte sie schon hier gelegen haben, die ›Poetik der Welt‹.

Den Impuls, zuzugreifen und dieses Exemplar zu »retten«, unterdrückte ich ebenso schnell, wie er aufgekommen war. Es wäre ganz falsch gewesen. Die Verfügung über Eigenes endet mit seiner Veröffentlichung. Gerade den eigenen Büchern darf der Autor keine Möglichkeit vorenthalten, ihr eigenes Schicksal in jedem gedruckten Exemplar zu suchen. Sollte auch dieses die ihm zukommenden Leser weiter finden können.

Nur das Schreiben ihrer Bücher ist für die Autoren allein; die geschriebenen sind ausschließlich für ihre Leser da. Und sie finden sie.

Dieses Exemplar würde noch etwas zu warten haben. Es hatte darin, verblichen wie sein Schutzumschlag war, schon einige Geduld bewiesen; sollte sie auch belohnt werden.

Zeitfraß

Einst hat eine Frau ihn beeindruckt; er aber war zu jung, sich um sie bemühen zu können. So blieb ihr Bild, und die Erinnerung an ein Begehren.

Seitdem vergingen einige zwanzig Jahre. Das Bild hat er manchmal noch vor Augen.

Sich vorzustellen, einer nun über Sechzigjährigen zu begegnen, träfe er sie heute, ist von verstörender Absurdität.

Denn die Frau, die ihn reizte, und deren Bild sich in ihm erhielt, gibt es nicht mehr, obwohl ihre Person lebt und er ihr heute, nun doppelt so alt wie damals, begegnen könnte. Aber geschähe es, nichts in ihm würde sich regen außer Widerwillen, Identität zwischen dieser lebendigen und jener erinnerten Frau anzuerkennen.

Als Geflecht der Beziehungen zwischen allem Wirklichen, das uns in unserem Leben begegnet, *ist* die Zeit nicht; und doch hat dieses »nichts« die größte aller Mächtigkeiten, die Macht zu entwirklichen.

Das Erschreckende liegt weniger im Vergehen des Begehrens als im Verfall dessen, was es weckt. Im Altern einer begehrten Frau, die man nicht mehr wiedersah, offenbart die Zeit ihre unermeßliche Grausamkeit am brutalsten. Sie bietet keine Brücke, sondern macht das, was doch immer noch sein könnte, unmöglich. Das Vergehen der Zeit ist ein stetiges Geringerwerden der Wirklichkeit alles dessen, das ihr unterworfen ist.

Zeit verzehrt mögliche Wirklichkeit. Daraus entspringt alle Ungerechtigkeit.

Ausgleich
Nachtrag zu Benjamin

Die Entlohnung des Freudenmädchens ist nicht das Geld, das sie für ihre Dienste erhält. Daß sie ihren Körper zur Lustbefriedigung zur Verfügung stellt, wird erst durch das Bemühen entlohnt, ihr, wie jeder anderen Partnerin auch, ebenfalls Lust zu bereiten. Das macht den bezahlten Akt menschlich. Sie hat die Wahl, zu nehmen, indem sie gibt. Nimmt sie, so erlöst sie ihren Partner nicht nur von seiner sexuellen Not, sondern von der Scham, sie bei ihr zu beheben. Die Klugen sind deshalb darum bemüht, ihrem Kunden das Empfinden ihres eigenen Lustgewinns zu vermitteln, wodurch sie ihn an sich binden, indem sie seine Dankbarkeit für die Schamentbindung wecken. Nur einer, dem die Scham genommen wurde, wird zum Stammkunden. So wird das Geschäftsinteresse an der Wiederholung des Dienstes zum Mittel, menschlich zu machen, was von Unmenschlichkeit immer bedroht bleibt. Der Gefühlsbeteiligung bedarf es dazu nicht. Erst die geteilte reine Lust verwirklicht die Neutralität des Geschlechtsakts, die der pekuniäre Tauschakt verspricht.

Maschinenmenschlichkeit

Eine der alltäglichen Katastrophen in der Weltzivilisation der Technik, zwei Flugzeuge kollidieren, zweiundsiebzig Menschen sterben.

In der aufgebrachten Berichterstattung, die die Faszination des Grauens erzwingt, erfährt man, daß nicht technisches, sondern menschliches Versagen Ursache des Unglücks war: der Pilot einer der über dem Bodensee auf Kollisionskurs aufeinander zurasenden Maschinen hielt sich an die verspäteten und falschen Angaben eines Fluglotsen, statt den Anweisungen seines Bordcomputers zu folgen, die in solchem Fall ausgelöst werden und zu deren unbedingter Einhaltung jeder Pilot verpflichtet ist. Der Apparatur zu vertrauen, hätte die Katastrophe verhindert.

Die wirkliche »Tragödie« ist nicht das Unglück; sondern das Verhängnis, daß die richtige Reaktion des Piloten im Moment der äußersten Gefahr, einem Menschen zu vertrauen, die falsche war: Rettung hätte in der reinen Unvernunft, in der Unmenschlichkeit gelegen, der Maschine blind zu gehorchen.

Als Mensch in der Welt technischer Lebensgestaltung überleben zu können, setzt unbedingtes Vertrauen in die Apparatur voraus. Mit den Werken der Rationalität zu leben, was schon lange heißt, *durch* sie zu leben, erfordert, die Vernunft: den Zweifel und die Prüfung, außer Kraft zu setzen.

Eben diese ist die Unmenschlichkeit, von der Paul Valéry sagte, sie habe eine große Zukunft. Unsere Gegenwart bemüht sich, diese Zukunft schon zu sein.

Glückliches Altern

Für Sammler lohnt es sich, alt zu werden. Nicht nur, daß die Sammlung von Jahr zu Jahr wächst; im selben Zeitgang wird auch der Erwerb dessen, was in sie gehört, einfacher. Mit jedem Jahr nimmt der Marktwert der einst großen Namen ab; schließlich sind die kostbaren Erstausgaben der Bücher, die einem in jungen Jahren besonders wichtig waren, für den Preis der Taschenausgaben zu haben, in denen man »seine« Autoren zuerst las.

Aber der Nachschub in die Antiquariate wird dünner und dünner, so daß es erstrebenswert zu werden beginnt, ein sehr hohes Alter zu erreichen, damit einem noch alles zuwachse, was die Jagd in Gang hält.

Er träumte mir

Zweimal habe ich erfahren, wie es sein muß, zu sterben.

Seitdem weiß ich, daß es einfacher ist, als man befürchtet, und unendlich schlimmer, als man es sich vorstellen kann. Mit beiden Schrecken aber war Beruhigung verbunden.

Beim zweiten Mal vor allem, weil es sich um einen Traum handelte. Einen Traum, von dem ich bald überzeugt war und geblieben bin, daß nicht ich ihn geträumt haben kann, sondern ein anderer ihn in mir geträumt haben muß. So gewiß es war, daß es *in* mir geschah, so gewiß war es, daß es nicht *aus* mir kam: es fand in mir nur statt.

So empfand ich, nachdem die noch lange Zeit danach anhaltende, bis tief in die Zellen eingeprägte Beunruhigung gewichen war.

Ich hatte die Welt in einem Feuerball explodieren sehen.

Während die Ungläubigkeit, daß es sich ereignete, der Gewißheit wich, fühlte ich Hitze mich durchdringen und erwachte in dem Moment, in dem ich wußte, daß es mich erfaßt hatte.

Nur, wer in der Lage wäre, von außen auf die Welt zu blicken, könnte von einem solchen Traum sagen, *er* habe ihn geträumt.

Unter den Zeugen zeitgenössischer metaphysischer Erfahrung gab es nur einen, der ohne Lächerlichkeit, in nüchterner Prosa bei klarem Verstand Mitteilungen von einer Art zu machen wußte, die aus extraterrestrischem Blick auf die Welttotale zu stammen schienen.

Nicht alles, was uns geschieht, hat mit uns auch zu tun. Zu meiner Beruhigung stelle ich mir vor, einer *seiner* Träume, den zu träumen dem kurz zuvor Gestorbenen nicht mehr möglich, aber noch aufgegeben gewesen war, habe sich zu mir verirrt und in mir den Ort seiner fälligen Manifestation gewählt.

Erscheinung

»Die großen Probleme liegen auf der Gasse«, heißt es im Zweiten Buch von Nietzsches ›Morgenröthe‹.

Oder auf dem Waldboden.

Ich war gestolpert, heftig und suchte nach der Ursache. Ich fand sie in einem Stein, den ich, nicht ohne einige Mühe, aus der Erde löste. Lange betrachtete ich ihn. Aber nichts an ihm wollte dieses Interesse rechtfertigen. Trotzdem sträubte sich etwas in mir, dem Impuls nachzugeben und ihn wegzuwerfen.

Ich ließ ihn auf einen anderen Stein fallen und er zerplatzte in zwei Stücke, fein säuberlich, wie geschnitten. Auch diese besah ich mir lange.

Als mit einem Mal in der Fläche der einen Hälfte eine Zeichnung hervorzutreten begann, deutlicher und deutlicher werdend: die klare Strukturierung eines Liniengeflechts, wie die Zeichnung einer Handfläche. Wo ich so lange nichts gesehen hatte, sah ich dies nun in reiner Klarheit: es zeigte sich.

Auf Unwillkürlichkeit kommt es in der Wahrnehmung dessen, was man noch nicht kennt, am meisten an. Die Dinge geben sich uns zu erkennen, oder lassen es bleiben. Es ist ihre Entscheidung. Nur die Bereitschaft, aufzunehmen, was sich uns auf diese Art zeigen mag, können wir dazu tun.

Das Fundstück wirkte, je länger ich es nun aufmerksam betrachtete, wie eine Skulptur: bearbeitet; wie von einem Bildhauer fein poliert.

Ohne jeden Zweifel war dieser Stein von keiner Menschenhand bearbeitet worden. Indem ich ihn so wahrnahm, als wäre er es, zeigte sich mir nicht nur dieses Stückchen Natur, sondern darin die Welt in ihrer eigenen Struktur des Erscheinens. Ihre Erscheinung für uns ist die »Bearbeitung«, die die Welt an der Natur vornimmt, damit sie für uns sein kann.

So wird aus der kulturverblendeten Idee des Jugendstils von der Natur als Künstlerin eine Wahrheit: Natur kommt nicht in der Kultur zu sich, sondern diese ist immer nur da bei sich, wo sie nichts anderes leistet als Natur: Strukturen hervorzubringen; diese aber, damit wir Welt haben können – was Natur vollkommen gleichgültig sein dürfte.

(1987)

Kindesliebe

Die Angst vor ihm war ebenso groß wie der Wunsch nach ihm. Nachdem es lange gezögert hatte, erwies ihr Kind ihnen die Liebe, und unterließ es, gezeugt zu werden, ihnen das Leben in Einsamkeit ermöglichend, zu dem sie geboren, für das sie aber nicht geschaffen waren.

Korruptionsverdacht

Die Angst des Mannes vor seiner Niederlage macht ihn gefügig für alles und jeden, winkt ihm nur das Versprechen, sie verbergen zu können.

Für Magdalena

Drei junge Erwachsene nebenan im Zugabteil. Bei der Einfahrt in den Düsseldorfer Hauptbahnhof bemerkt die Frau den »Bahndamm«, eines der ältesten deutschen »Laufhäuser«. Einer ihrer beiden Begleiter, sich auf ihre erstaunte Nachfrage weltmännisch-kennerisch gebend: Das kennst du nicht? Das ist ein Fotzenbunker.

Ihre Stimme im forcierten Lachen der drei klingt am unangenehmsten, da sie einstimmt in die gemeinste Verachtung ihres Geschlechts, die das älteste Erbarmen entwertet, das es gibt.

Nichts ist verächtlicher als die Verachtung des Mannes, mit der er verkennt, daß er Opfer eines Naturprogramms ist, wann immer er über eine Frau kommt, und meint, er sei es, der sie nehme.

Frauen wissen das; vor allem aber wissen sie, daß es ihnen selbst ebenso ergeht: ihre Vernunft, es anzuerkennen, verleiht ihnen ihre überlegene Menschlichkeit, die der Mann verliert, der es übersieht.

Die Hure rettet sie für ihn und gewährt ihm, Mann zu bleiben, wenn er es am wenigsten ist, sondern ein Stück reiner Natur, das es nicht besser weiß.

Weniges verdient größere Achtung.

Rheinaue

Eine Schafherde, frühmorgens lagernd, Tier an Tier, in beinahe unbewegter Ruhe auf das Zeichen zum Erwachen wartend, in gelassener Spannung, konzentrierte Erwartung des Möglichen – Stimmung vor der Schöpfung der Welt.

Glückloses Verdienst

So verdammenswert sie im menschlich-geschichtlichen Urteil ist, daß sie als einzige weltliche Macht die Intelligenz nicht nur geschätzt, sondern auch gefördert hat, sei der Römischen Kirche nicht vergessen – daß es Freiheit dennoch nicht mehrte, nicht verziehen.

Nützliches Versehen

Zur Verantwortung des Autors, die fast ausschließlich, und immer in erster Hinsicht, seinen Stil betrifft, gehört Genauigkeit in allem einzelnen. Sie darf bis zur Pedanterie gesteigert werden. So ärgerte es mich, in einem gerade gedruckten Text einen banalen Fehler zu entdecken. Zur Verantwortung des Autors gehört jedoch auch die Achtung des Lesers. Ihr hat die zulässige Pedanterie im Stil zugute zu kommen. Einen Autor bei einem »Fehler« zu ertappen, kann aus einem geneigten einen verschworenen Leser machen. Beachtung, gar Hinweis auf das Übersehene, das nun fatal in seinem Text steht, gibt ihm Gelegenheit, sein Komplize zu werden. Für *seine* Leser sollte jeder Autor gelegentlich den einen oder anderen Fehler unkorrigiert lassen. Solidarität im Stand gegen die Verhängnisse, denen ein Text das Gedrucktwerden aussetzt, trägt zu dem Resonanzraum bei, in dem die Obsessionen des Schreibens und des Lesens einander durchdringen können – oder auseinandertreten, wenn der Ärger über die Zumutungen eines durch Druckfehler entstellten Textes auf den Autor allein zurückfällt. Das schlecht gedruckte Buch kann ihm dann schädlicher sein als das ungedruckt gebliebene. Die Kultur der Korrektur, die ein Verlag beachtet, entscheidet mit über seinen

Rang, den begründet, ob es ihm gelingt, Autoren hervorzubringen, Verfasser mit eigener Leserschaft.

Lied auf einen geglückten Tag

Der kleine graue Vogel mit rotem Schwanz, im Efeu herumhüpfend, das die Mauer zum Nachbargrundstück überzieht, den ich nicht bestimmen kann, weil ich nur sehr wenig von dem behielt, was ich anhand eines schlecht gedruckten Bestimmungsbuches als Kind recht mühsam lernte und schon bald wieder vergaß, da es zu den meisten Abbildungen in meiner Umgebung kein lebendiges Anschauungsobjekt gab, das mir ein damals von Angesicht noch unbekannter Bruder meiner Großmutter aus der von den männlichen Familienmitgliedern mit seltsam bestimmtem Stolz hartnäckig noch über ihr Verschwinden hinaus »Zone« genannten DDR zu einem Fest geschickt hatte, der des Abends, kurz nach neunzehn Uhr, vor Einbruch der Dämmerung bei soeben erreichtem niedrigstem Spätsommersonnenstand fünf Minuten lang alleine singt – ein erfüllter Tag in einem sinnvollen Leben.

Auge in Auge

Was bekommt einer zu sehen, der in den Spiegel schaut, in den der geliebte Mensch täglich blickt? Das eigene Gesicht als Maske des vorgestellten anderen? Sich selbst im Blick des anderen gespiegelt zu finden, heißt, mit Liebe angesehen werden. In den Spiegel des Menschen zu schauen, der einen so anschaut, heißt, den anderen im eigenen Blick gespiegelt finden zu wollen: sehen zu wollen, was sieht, wer mit dem liebenden Blick schaut. Auch ein Menschenmerkmal: sehen wollen, was Liebe sieht.

Kind mit dem Bade

Nur die Ethik ist gerechtfertigt, der es gelingt, die Momente zu bestimmen, in denen ihre Moral unverantwortlich wird.

Ein solcher Moment ist die Entscheidung zur Kinderlosigkeit. Der moralisch begründete Verzicht auf Elternschaft verwirft den eigenen Lebensgrund. Das allein macht Geburtenregelung verwerflich. Sie bestreitet denen, die sie praktizieren, den eigenen Existenzgrund, indem sie ihn denen, die sein könnten, vorenthält.

Gezeugt worden zu sein, begründet als einzige die Schuldigkeit, bereit zu sein, zu zeugen.

Alter Adam, wienerisch
oder Kein Entkommen

Dafür, daß ihm die Opferung seines Sohnes vereitelt wurde, rächte Abraham sich damit, daß er ihn zu seinem Hüter bestellte. Preis des Lebens ist die Knechtschaft gegen seinen Ursprung.

Der ödipale Inzest, der den Sohn zum Vater eines Bruders machte, der ihm zu gleichem Tribut verbunden wäre, bestätigte nur die unentrinnbare Falle: Vater zu werden, läßt den Sohn endgültig Sohn sein, indem er den Ursprung reproduziert, aus dem sein Elend rührt, das ihn in den Mutterschoß zurücktrieb. Aufs neue beginnen zu lassen, dem man zu entkommen wünschte, ächtet den Wunsch und legitimiert das Verwunschene.

Was aber, wenn der Nachwuchs eine Tochter wäre? Am Ende die Lösung? Als reine Frauenzeugung ausschließlich von Töchtern?

Sie als Option einer ihres Elends und seiner Fortzeugung überdrüssigen Menschheit eines Tages zu ermöglichen, begründete ein Menschenrecht der Biotechnologie.

Da aber Söhne sie betreiben, wird sie nicht dies, sondern am Ende wiederum Waffen hervorgebracht haben, unterstützt von Töchtern, die ihre eigenen Söhne nach dem Bilde ihrer Väter formten, die sich Söhne gewünscht hatten.

Lastenausgleich

Angst ist immer Angst vor dem Leben, dessen Todesgewißheit es mit der Drohung belastet, zu enden, bevor es seinen Sinn verwirklichen konnte. Deshalb erlebt, wessen Leben von dieser Angst geprägt war, den physisch herannahenden Tod nicht als die endlich bevorstehende Erlösung von langer Last, die er nur solange verheißen konnte, wie er als Option eines selbstgegebenen Todes noch in eigener Verfügung zu liegen schien, die endet, sobald er im eigenen Organismus sich zu bilden beginnt, sondern als endgültigen Triumph der Drohung. Sein Ende kann nur dem willkommen sein, der etwas zu beenden hatte.

Verspielte Ewigkeit

Einmal dem Fehlläuten der Nachtglocke gefolgt –
es ist niemals gutzumachen.

Leben: Belästigung eines Nichtseins als Langzeitfolge einer metaphysischen Unaufmerksamkeit. Die Engel, die nicht achtgaben und sich des Nichtseins als noch nicht würdig zu erkennen gaben, müssen Menschen werden, die nur deshalb gegeneinander so grausam sind, weil sie eigentlich Nichtseiende schon hatten bleiben sollen, und von der Ewigkeit nun erst erinnerungslos träumen können.

Vorsorgeuntersuchung

Der Skandal ist nicht der einem bevorstehende Tod; es ist die Vorzeitigkeit seines Eintritts.

Ihr entgeht nur, wem es gelingt, so zu leben, daß er seine Dinge in Ordnung gebracht hat und hält; wem es gelingt, jederzeit so zu leben, daß er von seinem Lebenssinn so viel verwirklicht hätte, daß der plötzliche Eintritt seines Todes ihn nicht zunichte machen müßte.

Dazu gehört: nicht aufschieben; Unwichtiges beiseitelassen, Wichtiges vorziehen; Zweifel nicht zu groß werden lassen; alles pflegen, was Menschen, die dann nach einem noch da wären und ein Fortdauern und -wirken gewährleisten könnten, einem verbindet.

Ein so geführtes Leben wird sein Ende zu einem rechten Zeitpunkt finden: wenn getan ist, was seinen Sinn erfüllt.

Die Weiblichkeit der Welt

Nicht jeder kommt bei seiner Geburt auch schon zur Welt. In Elberfeld geboren, bin ich viel später erst in Warschau und Paris zur Welt gekommen. Wie die Geburt, so wurde auch dies von Frauen vollbracht.

Kein Ende mit dem Ende

Der einzig mögliche Weg zur Abschaffung des Todes bestünde darin, die weitere Entstehung von Sterblichen zu vermeiden; zu verhindern, daß weiter entsteht, was sterben *kann*: nicht mehr zu zeugen also, die Fortpflanzung einzustellen.

Nur was nicht geboren wurde, kann nicht sterben. Unsterblich wäre allein, was nie war. Der Wunsch nach Unsterblichkeit ist eigentlich der Wunsch, nicht gewesen zu sein, Wunsch nach Widerruf des eigenen Seins. Unsterblichkeit wäre erreicht, sobald der letzte derer, die sich nicht mehr fortpflanzten, gestorben wäre: sobald es niemanden mehr gäbe. Die Bedingung dafür, daß nicht mehr gestorben werden müßte, wäre, daß es niemanden mehr gibt, der lebt.

So heißt den Tod ablehnen, Leben verneinen. Das Problem der Unsterblichkeit ist nicht die Verlängerung des Lebens, sondern sein Beginn. Ihn zu verhindern allein macht den Tod machtlos.

Nach dieser Bedingung bedacht, erweist sich die Unzumutbarkeit der Unsterblichkeitsidee in ihrer äußersten Konsequenz: denen, die man liebt, um deren willen man das Unrecht des Todes abgeschafft wünschte, das Nichtgeborensein wünschen zu müssen; Kindern größte Liebe nur dadurch erweisen zu können, auf ihre Zeugung zu verzichten.

Eine gute Zeit

'tschuldigung. Hätten Sie 'mal irgend 'ne Uhrzeit?
Welche hätten Sie denn gerne?
So am liebsten um zwanzig vor.
Dann gebe ich Ihnen 'mal die beste, die ich gerade habe: es ist 15.36 Uhr.
Danke schön auch.

Für Ehrgeizige

Lieber Letzter in der Metropole, als Erster in der Provinz, dachte er; da er es in die Metropole nicht brachte, wurde er Letzter in der Provinz.

Erdachter Tod

Von Kindern lernt man, daß Weisheit anderes ist als Erkenntnis.

So hatte eine Freundin als Kind den Gedanken, wenn wir einen ganz bestimmten Gedanken dächten, stürben wir. Jeder habe seinen eigenen todauslösenden Gedanken, vor dem er sich hüten oder den er suchen müsse.

Genau das ist es. Der Tod ist der Gedanke, der, könnte er gedacht werden, ein Leben zusammenfaßte.

Wer den Sinn seines Lebens denken kann, hat ihn erfüllt. Sterben kann, wer diese Erfüllung erreichte. Da jeder stirbt, muß jeder seine Erfüllung erreichen: was vergebliche Mühe scheint, ist unabdingbare Voraussetzung.

Ihn in einem Gedanken erfassen zu können, ist die Feststellung der eigenen Todesbereitschaft.

Leben heißt, zu diesem einen Gedanken, der den ›eigenen Tod‹ ermöglicht, die Elemente zusammentragen.

Parallelaktion

Sein letzter Skandal brachte ihm nicht nur die Ablenkung vom öffentlichen Bewußtsein aller Fragwürdigkeiten seines politischen Lebens ein; die kalkulierte Lüftung des bestgehüteten Geheimnisses seines Privatlebens bewährte noch einmal die allen Konventionen enthobene Souveränität, die das Ideal seines Verständnisses als Staatsmann war, die während seiner zweiten Amtszeit in seinem Selbstgefühl desto monarchischere Züge annahm, je weiter die tödliche Krankheit fortschritt: François Mitterand, der blasse

Blender und stille Macciavellist höchster Perfektion, dem es gelang, das gesamte politische System Frankreichs in den Dienst seines persönlichen Ehrgeizes zu stellen, hatte jahrzehntelang in zwei Familien gelebt.

Ein letztes Mal erstaunte der kleine quecksilbrige Mann, der nie greifbar und immer präsent gewesen war, die Franzosen, die sich weigerten, einzusehen, von ihm sein Leben lang betrogen worden zu sein. Der Sozialismus, den er zur Macht brachte, war der Vorwand gewesen, sich zur Macht bringen zu lassen. Konsterniert über sein Genie der Verstellung, das den Erzkonservativen die Partie Socialiste hatte erfinden lassen, um Präsident zu werden, bewunderten sie wider Willen ein letztes Mal eine Figur, deren Gabe, noch einmal Ruhm zu konstruieren, der doch nichts als das Spektakel seiner Zeichen war, sie an die Zeiten nationaler gloire erinnerte.

Mitterand starb in der Aura einer aus öffentlicher Achtung und gleichermaßen unwilliger privater Bewunderung und Verachtung gemischten Verklärung. Sein letzter Coup, eine schöne, intelligente erwachsene Tochter in die Welt zu setzen, ließ übersehen, was ihn so unübersehbar verächtlich machte. Indem der ungekrönte Pseudokönig von eigenen Gnaden eine die Phantasmen beflügelnde Prinzessin hinterließ, versöhnte er sein von ihm verachtetes Volk mit den Trümmern, die seine Zerstörung der auf seine Lebenszeit ausgerichteten Partei im Gefüge der Republik hinterließ.

Die Inszenierung seines Sterbens bescherte ihr einen Moment monarchischer Entrückung aus dem Desaster, in das die Enthüllung seines politischen Doppellebens ihre politische Kultur stürzte, während die gleichzeitige Enthüllung seines privaten Doppellebens deren Folgen neutralisierte. So sehr man ihn für das eine verachten mußte, so sehr dafür bewundern, was das andere bewirkte. Konnte wirklich so schlecht sein, wie es nun offen zutagelag, wer ein solches Wesen hervorbrachte?

Das Glück der Väter liegt in der Entschuldung, die ihre Töchter für sie erwirken, weil sie sie vor den möglichen Folgen bewahren, sich in einem Sohn, der sie nicht wurden, fortzuzeugen. Nichts Unzumutbareres als ein zweiter Mitterand, da mußte die Entdeckung der Tochter so beruhigen wie die eines weiteren Sohnes hätte beunruhigen müssen; ob aber eine Tochter für die Vermeidung dynastischen Fortwirkens eines politischen Unglücks historischen Ausmaßes bürgen kann, der ihr königlicher Vater den Namen *Mazarine* gab?

Es ist klug, sich eine Nebenwelt zu erfinden, deren Phantastik, tritt sie zutage, die Fragwürdigkeiten der Hauptwelt überdecken kann. Man muß viele sein, um sich zu einem ganz Bestimmten machen zu können. Willst du etwas sein, lebe in möglichst vielen Welten, und nicht nur in der einen, in der du es werden mußt.

Sein und Zeit, erotisch

Das Unverständnis der Geschlechter füreinander gründet im asymmetrischen Verhältnis ihrer Zeugungsorgane zur Zeit. Der Organsinn des Penis ist auf kurze, der des Uterus auf lange Dauer angelegt; jener ist Symbol eines Moments, dieser die Wirklichkeit der Dauer.

In actu das daraus stammende Mißverhältnis seines Erregungsablaufs zu dem seiner Partnerin auszugleichen, macht nicht nur den guten Liebhaber. Zu Ende gedacht, liegt in dieser Anforderung nicht weniger als eine Probe auf das Lebensrecht des Mannes.

Die Ursache, warum die Frauen immer ›bitter wie der Tod‹ gewesen sind, Schlupfwinkel von Lastern, treulos, Wesen wie Dalila usw., ist im Grunde nur diese: der Mann ejakuliert immer – wenn er kein Eunuch ist – mit jeder beliebigen Frau, während Frauen selten zur befreienden Lust gelangen und nicht mit allen und oft nicht mit dem Angebeteten – eben weil er angebetet wird –; und wenn sie einmal dahin gelangen, träumen sie von nichts anderem mehr. Für die – rechtmäßige – Raserei dieser Lust sind sie bereit, jede beliebige Bosheit zu begehen. Sie sind gezwungen, sie zu begehen. Das ist das grundlegend Tragische des Lebens; und wenn ein Mann zu rasch ejakuliert, so wäre es besser, er wäre nie geboren. Es ist ein Gebrechen, um dessentwillen sich umzubringen der Mühe wert ist, notierte Cesare Pavese am 27. September 1937 in sein Tagebuch.

So radikal und umfassend ist die Lebensbedeutung der Erotik selten verstanden worden. Die intime Kultur jeder leiblichen Partnerschaft zum Probestein männlichen Lebensrechtes zu erklären, erweitert die Erotik als Ursprung jeder menschlichen Existenz zu der Instanz, die über ihren Daseinssinn entscheidet.

Der Gedanke eines Managements der sexuellen Zeit, dessen seine Partnerin befriedigendes Gelingen das Seinsrecht des Mannes gewährleistet, ist so bestechend wie die daran geknüpfte Folgerung bestürzend. Vor allem gibt er das wichtigste Argument für eine möglichst intensive sexuelle Praxis außerhalb exklusiver Liebesverhältnisse: was die Exklusivität einer erotischen Bindung zweier Menschen tragen kann, muß in anderen Beziehungen geübt werden oder erworben worden sein. Eine der vielen Paradoxien des Lebens: was in jedem einzelnen Fall neu gelernt werden muß, muß bereits gelernt worden sein.

Paveses erotische Fassung des tragischen Lebensgefühls, das nach Begründungen der Fragwürdigkeit des Geborenwordenseins fahndet, von der es durchdrungen ist, übersieht, daß unbeeinflußbare Gegebenheiten, wie das organische Mißverhältnis zwischen Mann und Frau eine ist, keine Ansprüche begründen, von denen irgendetwas abhängen könnte, am wenigsten ein Recht oder Unrecht. In der Erotik gibt es keine Rechte, nur Pflichten. Deshalb kann sie das wichtigste von allen, das Lebensrecht, verbürgen, wenn sie glückt, aber nicht aufheben, wenn sie mißlingt. Ihr Gelingen ist nur als gegenseitiges Geschenk möglich, erwirkt durch bewußte Leibaufmerksamkeit.

Der Philosoph, der das Sein aus der Zeit ableitete, war ein selektiver Leser, und in der Werkverwertung seiner Lektüre übte er die sonst so verachtete akademische Disziplin streng. Deshalb ist es unwahrscheinlich, daß er von diesem fundamentalerotischen Gedanken Paveses Gebrauch gemacht hätte, sollte er ihn gekannt haben, was immerhin möglich war. Was hätte er für die Zumutbarkeit seiner ›Fundamentalontologie‹ aus ihm gewinnen können, wenn er gekonnt hätte. Heidegger war nicht nur mit deren Zentralkategorien, der ›Angst‹, der ›Sorge‹ und der ›Langeweile‹, aus eigener Erfahrung intim vertraut; als Liebhaber seiner begabtesten Schülerin kann er auch die Rechtfertigung des männlichen Seins in der Intimität mit einer geliebtliebenden Frau erfahren haben. Als Autor übersah er den erotischen Tiefensinn seiner Kategorie des die Welterfahrung ermöglichenden ›Inseins‹. Die Erfahrung des geteilten Körperglücks bedenkend, hätte die Beobachtung der weiblichen Erfahrung ihn das Gegenstück des ›Innehabens‹ entdecken lassen können.

Erst diese kategoriale Symmetrie macht die Aufhebung der Geschlechtsdifferenzierung des Menschseins denkbar. Eine individuelle Kultur der Sexualität, der die Durchdringung von Insein und Innehaben gelingt, vereinigt die einander fremden Wesen Mann und Frau zu dem fremdesten Wesen Mensch auf eine Art, die diesem sein lebengebendes In-der-Welt-Sein erfahrbar werden läßt, das aus der biologischen Neutralität der sexuellen Urhandlung hervorgeht.

Arrest

Die besonders empörende Tücke des Todes liegt darin, daß er ein Leben nicht nur beendet, sondern ihm auch Endgültigkeit aufzwingt. Ist er eingetreten, kann in diesem Leben nichts mehr anders sein.

Dieses Anders-sein-können aber ist das Wesen des Lebens, nicht seine Utopie. Es dauert, solange es anders sein kann, als es gerade ist, solange es die Zukunft hat, die es braucht, um anders zu werden. Indem er von der Zukunft abschneidet, bricht der Tod ab, ohne zu beenden.

Schlimmer fast als das Elend des Sterbens – das wir gerechterweise mit allen Lebewesen teilen, oder sie ungerechterweise mit uns – will an ihm erscheinen, daß er die Hoffnung, aus der das Leben seine Energie bezieht, die Vorläufigkeit seiner Inhalte, als Trug entlarvt.

Leben läßt sich nur, indem das Leben jedes einzelne über sich selbst betrügt. Wir werden unsere Vollendung nicht erreicht, die Zukunft nicht eingeholt haben, deren Versprechen uns erhält; was wir waren, wird auf ewig so gewesen sein, wie es gerade war, ohne Aussicht auch nur auf geringste Korrektur.

Deshalb ist es so wichtig, sich darum zu bemühen, jederzeit so zu leben, daß man mit seinem Leben so, wie es gerade ist, einverstanden sein kann. Jeder nächste Moment könnte darüber befinden, daß es so, und nicht anders, endgültig gewesen sein wird.

Erblickt

Einer alten, noch aus Kindertagen herrührenden Gewohnheit folgend, war ich bis zum äußersten Ende des über die Bahnhofskonstruktion hinausragenden Steiges vorgegangen, dorthin, wo ein letzter Schritt das Gefühl vermittelt, mit einem Mal in der Luft zu stehen. Ungerichtet, verlor mein Blick in der grauen Trübe eines Wintertages kurz vor Jahreswechsel sich im Areal des aufgelassenen Güterbahnhofs. Ihn allmählich aus dem verhangenen Horizont zurückholend, wurde er in den unter mir liegenden Fluß gezogen.

Langsam begann ein Felsstück sich dort im frostklaren Wasser abzuzeichnen. Oder war es ein Stück Müll? Auch ein größeres Brett, ein Türblatt konnte es sein. Aufgespalten in langer Verrottung, ragte ein abgeplatztes Stück in die Höhe.

Als eine kaum merkliche Bewegung, ein strahlendes Aufblitzen dort unten mich aus der Starre meines Vormichhinsehens aufschreckten.

Im ebenso plötzlich geschärften Blick trat aus dem doppelten Nebel der Wintertrübe und meiner Unaufmerksamkeit die Gestalt eines Tieres hervor. Ein großer Vogel mußte es sein. Kein Zweifel. Was ich dort als Teil eines diffusen Gegenstandes gesehen hatte, war ein Reiher. Der winzige Punkt des Auges, mit dem er mich fixierte, leuchtete in konzentrierter Strahlung den Dunst durchbrechend zu mir herauf.

Ich blickte in ein mich sehendes Auge. Indem ich endlich sah, fand ich mich gesehen.

Er mußte meinen Blick, der doch gar nicht schaute, in seiner Selbstverlorenheit auf diesen einen Punkt gerichtet sich aber ständig intensiviert hatte, auf sich gespürt haben, so stark, daß er seine Haltung aufgeben und meinen blicklosen Blick umso klarer erwidern mußte. Mit kaum merklicher Drehung hatte er seinen Kopf in dessen Fluchtlinie gebracht, so daß die Blicke sich einige Sekunden lang trafen. Dann nahm das Tier in vollendeter Gelassenheit seine Position wieder ein, in der ich es angeschaut hatte, ohne es zu sehen.

Selten bin ich von einem Blick so erfasst worden. Gebieterisch, wie er war, folgte ich der in ihn ebenso ruhig wie herrisch gelegten Mahnung, die Störung zu beenden, und wandte meinen Blick in demselben Moment ab wie das Tier den seinen. Vollkommenes Einverständnis.

Dieser Blickwechsel erinnerte daran, daß der Blick, der nicht sieht, eine Belästigung ist. Indem ich wahrnahm, ohne zu bemerken, wurde ich wahrgenommen; indem ich bemerkte, wahrgenommen zu werden, bemerkte ich meine Unaufmerksamkeit.

Die winzige Bewegung des Tieres, das spürte, ziellos wahrgenommen zu werden, dessen Blick mich zur Aufmerksamkeit ebenso wie zur Rücksicht zwang, versetzte mich zurück in die Welt, der die Selbstverlorenheit meines blicklosen Schauens mich enthoben hatte.

Teil der Welt ist man nur dermaßen, wie auf einen reagiert, was mit einem in ihr ist, weil man selbst es im Zirkel gegenseitiger Aufmerksamkeit beachtet. Inmitten der Anonymität ihrer Inhalte gibt das Lebendige sich in der Geste der Zuwendung als Bewegung zu erkennen.

Unverzüglich

Eine Nachrede

Nimmt man seine Ausschnitte der Welt und sich selbst in ihnen vorwiegend schreibend wahr, kommt über die Jahre einiges an Aufzeichnungen zusammen. Es kann geschehen, daß sie sich, übersieht man sie mit Abstand, zueinander fügen, als wären sie zu-, und nicht nur nacheinander gedacht. Dann können sie wie der Extrakt eines Tagebuches wirken, gerade, weil sie an dessen Stelle entstanden. Notizen im Vorübergehen werden so allmählich Aufzeichnungen zum eigenen Dasein, sofern es sich in seinen Bewußtseinsanstrengungen zu Wahrnehmungen dessen anhält, wofür das ebenso große wie leere Wort ›Welt‹ steht.

Gibt man sich noch dazu mit der ›Welt‹ als dem wichtigsten – und nach Schopenhauer einzigen – Thema der Philosophie ab, kann daraus eine Zuflucht werden, und ein Feld zur Schulung und Bewährung jener Aufmerksamkeit, die sich immer wieder als wichtigster Zugang zur Welt erweist (1).

Reichtum erwirbt man sich auch durch Ersparung der Pfennigs-Wahrheiten, schrieb Lichtenberg 1779 in sein Sudelheft (F 1219), womit er seine eigene *Schmierbuch-Methode* kennzeichnete, *keine Wendung, keinen Ausdruck unaufgeschrieben zu lassen*.

Dazu hatte er sich elf Jahre vorher in umfassendster Perspektive selbst verpflichtet. *Dem Weisen ist nichts groß und nichts klein, zumal zu der Zeit wenn er philosophiert, wo ich allemal voraussetze, daß es ihn weder hungert noch durstet, noch daß er seine Dose vergessen hat, wenn er schnupft. Alsdann könnte er glaube ich Abhandlungen über Schlüssellöcher schreiben, die so wichtig klängen, als ein Jus naturae und eben so lehrreich wären. In den kleinen alltäglichen Pfennigs-*

Begebenheiten steckt das moralische Universale eben so gut als in den großen wie die wenigen Adepten wohl wissen. In einem Regentropfen steckt so viel Gutes und Künstliches, daß man ihn auf einer Apotheke unter einem halben Gulden nicht lassen könnte (B 195). Mit dessen eigener Geste weist er den wissenschaftlichen Hochmut zurück.

Im Grenzland zwischen Philosophie und Literatur angesiedelt, sind die hier versammelten Stücke Etüden zur Einübung einer Aufmerksamkeit im ›Kleinen‹, deren Unentbehrlichkeit, wenn nicht einzige Chance für Einsicht das Bedenken der ›großen‹ Themen im philosophischen Diskurs immer wieder und immer zwingender erweist. Sie geben sie weniger in kleiner Münze heraus; eher handelt es sich bei ihnen um Versuche, die Kleinigkeiten in ihren wirklichen Dimensionen zu bemerken, im Doppelsinn von aufmerksam auf sie zu werden und sie auszusprechen.

Da »Welt« sich in der Wahrnehmung dessen, was sie ist, immer gerade »anderswo« befindet als man selbst, entstanden die meisten dieser Übungen zur Weltaufmerksamkeit »unterwegs«, auf Reisen, in Situationen des Abstandes zu dem, was in seiner alltäglichen Nähe ebensosehr nach Aufschließung seiner Bedeutung verlangen läßt, wie es sie vorenthält.

Aber auch an Zeugnissen anderer kann die Aufmerksamkeit sich entzünden, weshalb ›Lesefrüchte‹ nicht zu verachten sind.

›*Vorübergehend*‹ meint sicher auch ›vorläufig‹, nicht von Dauer. Aber auf den Aspekt der Zeit und des Überdauerns kommt es mir weniger an, obwohl keiner Aufzeichnung dieser Aspekt des Aufbegehrens gegen das Vergehen fehlt. Sie sind auch Notate gegen die Zeit, die den Tod mit sich führt. Wichtiger aber ist der Moment, in dem sich Aufmerksamkeit auf unwillkürliche Weise so intensivieren kann, daß Bedeutungen in kristalliner Zuspitzung hervortreten.

Es sind Momente, die sich einstellen. Manchmal, eher selten, lassen sie sich provozieren. Meistens überraschen sie einen. Sie nicht ungenutzt vorübergehen lassen zu müssen, bedarf es einer besonderen Übung, sich bereit zu halten: möglichst oft ziellos aufnahmefähig zu sein.

Das aber setzt voraus, worüber immer weniger verfügt wird, Muße: die Freiheit vom Zwang zur Zielgerichtetheit, das handlungslos Tätigseinkönnen zu Zwecken, die nicht vorgegeben sind, sondern sich während einer Tätigkeit aus deren freier Entfaltung heraus erst bilden.

Die kurze Spanne einzufangen zwischen Auftauchen und Verschwinden eines Gedankens aus einer Wahrnehmung, einer Beobachtung, einer Vorstellung, auch einer Einbildung, bezeichnet die im Deutschen wenig geläufige Gerundiumform des Vorüber*gehend*: den kurzen Moment, in dem man aufmerkt und unverzüglich zugreifen muß.

Hat man Glück, und die Sprache spielt mit, werden daraus Bemerkungen. Als pointierte Reflexionen versetzt ihr Zug zur Maxime sie in Nachbarschaft zum Aphorismus.

Echte Aphorismen sah Franz Mautner durch *die Gemeinsamkeit eines Nährbodens, einer einheitlichen Denk- und Erlebnismasse* gekennzeichnet (2). Sollte ich diese Versuche auf diesen Maßstab hin rechtfertigen, verwiese ich auf das Bemühen, die Empirie eigener Erfahrung nicht nur als Korrektiv, sondern als Medium der eigenen philosophischen Reflexion zu gewinnen, unter dem Horizont einer Wiedergewinnung der Welt als ›Aufgabe‹ der Philosophie.

Gelungen wären diese Versuche, ließe sich von ihnen sagen, was Walter Helmut Fritz als Verfahren der ›Beschreibung eines Dorfes‹ von Marie Luise Kaschnitz beschrieb, *sinnlich wahrgenommene Details, unmittelbare Ergebnisse des Blicks (mit ihren Interferenzen und Hinzufügungen) so zu geben, daß sie zwar in ihrem bildhaften Nebeneinander erhalten bleiben, zugleich aber – dank der Reflexion, durch die sie gegangen sind – wie Zusammenfassungen wirken.*

Diese Beschreibung empfand ich sofort, als ich sie, das Büchlein von 1966 in einem Antiquariat durchblätternd, entdeckte, als

Maßstab dieses eigenen Treibens im Grenzland zwischen Literatur und Philosophie.

Am angemessensten für das Bemühen, Gedanken aus den sie weckenden und tragenden Erfahrungen hervortreten zu lassen, erscheint die *Miniatur* (3). Auf ungleich weniger Raum, muß sie alle Elemente der großen Arbeit enthalten. Das zwingt zur Disziplin und verlangt ein Hochmaß an Kunstfertigkeit, da sich in ihr nichts kaschieren läßt. Alles muß auf den ersten Strich sitzen, Korrekturen sind kaum möglich, ohne die labile Konstruktion insgesamt zu gefährden. Kein Wort, auf das es nicht ankäme, keines, das zu viel sein dürfte. Die Miniatur ist ein langer Aphorismus, der Aphorismus eine noch einmal verdichtete Miniatur.

In dieser Anspruchsfülle zur Überforderung und zum Scheitern geradezu verurteilend, kann die Miniatur paradoxerweise eine Zuflucht bieten, fast eine Entlastung des ›großen‹ Denkens, das sich mit ihr die Lizenz eröffnet, als Beiläufigkeit getarnt auszusprechen, was es den Risiken diskursiver Bewährung – noch – nicht aussetzen mag.

Nicht weil es unwichtig wäre, sondern weil seine Bedeutung im Regelwerk der Diskurse nicht zu erfassen ist. Deshalb suchen Philosophen, die auf literarischen Anspruch nicht verzichten mögen – oder bedingt durch ihre Veranlagung nicht können – , nach ihrer eigenen Form der literarischen Miniatur als Asyl des ungedeckten philosophischen Gedankens. Adorno fand im Gestus erzählter Reflexion der ›Minima Moralia‹ seinen Stil des Denkens, Ernst Bloch sann den ›Spuren‹ seiner einen großen Idee fabulierend nach, Hans Blumenberg erschloß der philosophischen Heuristik die Denkform der theoretischen Anekdotik und mit seiner Kunst der Glosse neue Quellen.

Aber auch Literaten, die auf Reflexion nicht verzichten wollen, arbeiten an ihren Miniaturen, als Kompensation des Handicaps eines zu kurzen Atems wie Albrecht Fabri und Martin Kessel, die mit ihnen der Lüge der Ausführlichkeit zu entgehen suchten, oder

Umberto Saba, dem sie gestatteten, wenigstens zeitweise der Sprachlosigkeit der Melancholie zu entkommen.

Auch dieses ist ein ›Buch der Freunde‹. Erste, schließlich immer mehr der über die Jahre entstehenden Stücke verdankten sich nicht nur Begegnungen mit Freunden – manche aus einem Abstand von vielen Jahren – , sie wurden auch von Freunden zuerst gelesen, und für einige geschrieben. Ihre Ermutigung trug zur Fortsetzung und bewußten Disziplinierung der Aufzeichnungen bei.

Eine andere Ermutigung stellte sich mit Bezügen ein, die im Laufe der Arbeitsjahre zuwuchsen. Eine besondere Vorläuferschaft betrifft dabei nicht seinen Gehalt, aber den Titel des Buches, gleich in doppelter Übereinstimmung: sowohl von Alfred Polgar, als auch von Sigismund von Radecki erschienen Auswahlbände ihrer kleinen Prosa unter dem Titel ›Im Vorübergehen‹ (4).

Seit sie erste Stücke zu lesen bekam, begleitet die Münchener Malerin *Annette Lucks* dieses ›work in progress‹, für das es keinen Abschluß, nur Unterbrechungen, und wiederaufgenommene Fortsetzungen geben kann, nicht nur als passionierte Leserin. Als bildende Künstlerin ließ sie sich von ihnen immer wieder zu eigenen Arbeiten anregen. Eines der so entstandenen Gemälde, die keine Illustrationen, sondern gleichwertige Korrespondenten der Texte sind (5), gibt das Titelbild wieder.

(1)   vgl. Andreas *Steffens*, Weltaufmerksamkeit. Eine übersehene anthropologische Grundkategorie, in: Claus-Volker Klenke u.a., Hg., Existenz, Negativität und Kritik bei Ulrich Sonnemann, Würzburg 1999, 98-106. – gekürzt und überarbeitet jetzt in: Andreas *Steffens*, Selbst-Bildung. Die Perspektive der Anthropoästhetik, Oberhausen 2010.
(2)   Franz *Mautner*, Der Aphorismus als Literatur (1968), in: ders., Wort und Wesen, Ffm 1974, 279-299; 298
Ursprünglich war eine Auswahl eigener Aphorismen als Mittelteil dieser Sammlung vorgesehen. Ihr stetes Anwachsen über einen an diesem Ort vertretbaren Umfang hinaus, legte ihre Veröffentlichung als selbständige Publikation nahe: sie erschien unter dem Titel ›Petits Fours. Aphorismen‹,

versehen mit einem Nachwort von Friedemann Spicker und einem Titelbild von Annette Lucks, 2009 im NordPark Verlag.

(3)   vgl. Andreas *Steffens*, Miniaturen, in: ders., Gerade genug. Essays und Miniaturen, Wuppertal 2010, 141-185

(4)   Alfred *Polgar*, Im Vorübergehen. Eine Auswahl aus zehn Bänden erzählender und kritischer Prosa, Stuttgart-Hamburg 1947; Sigismund von *Radecki*, Im Vorübergehen, München 1959

(5)   vgl. Andreas *Steffens*, BildGedacht und SchriftGemalt, Wuppertal 2010, 25-27

Bibliografische Notiz

Unregelmäßig, bei Gelegenheit und Laune notiert, und zwischen anderen Arbeiten ausformuliert, stammen die Stücke dieser Sammlung aus den Jahren 1987 bis 2007.

Eine erste Auswahl erschien in: »*hidden places*«, Katalog des Atelier- und Galerie-Kollektivs, Wuppertal-Wheeling/West-Virginia 1997; eine zweite, zusammengestellt von Jürgen Engler, erschien unter dem Titel › *Welteigen*‹ in: neue deutsche literatur, 50. Jahrgang 2002, Heft 2, 104-108; ›*No funny Valentine*‹ erschien zuerst in: zeitmitschrift. Journal für Ästhetik, Nr. 5, Düsseldorf 1988, 48-53; ›*Hiobs Tochter*‹ in: schöngeist. magazin für kunst leben denken, Heft 5, Berlin 2005, 56-59.

Andreas Steffens
PETITS FOURS
Aphorismen
Mit einem Nachwort von
Friedemann Spicker,
Deutsches Aphorismus Archiv, Hattingen
Einband nach einem Gemälde von Annette Lucks
2009, 60 S., Hardcover, EUR 8.00
ISBN 978-3-935421-45-4

Wenn der Aphoristiker einem eigenen Erkenntnisanspruch zwischen Wissenschaft und Literatur gerecht zu werden sucht, wenn er auf Erkenntniserweiterung dringt, indem er in einem nicht-fiktionalen literarischen Text das Verweisen auf Gegenstände und das Mitteilen von Inhalten mit dem Aufweisen von Sinn verknüpft, dann liegt mit Andreas Steffens nicht weniger als der Fall eines genuinen Aphoristikers vor. (…).

Der Ausgangspunkt des Aphoristiker-Philosophen Steffens ist die Anspielung. Ernst Bloch (»Heimat ist die Utopie, die sich überall für jedermann erfüllen kann.«), Carl Schmitt (»Souverän ist, wer den Mut hat, so klug auch zu sein, wie er kann.«), Ludwig Wittgenstein (»Die Welt ist alles, was zerfällt.«) und manche andere werden in einen aphoristischen Dialog einbezogen, der in aller gebotenen Kürze markante Positionen bezieht. (…).

Die Domäne des Aphorismus ist das Paradox, und da ist es in einem glücklichen Fall wie dem vorliegenden durchaus möglich, dass es literarische ›petits fours‹ gibt, die Hauptmahlzeiten ersetzen.

(aus dem Nw. von Friedemann Spicker)

Andreas Steffens
GLÜCK
Aspekte und Momente
Die Besonderen Hefte
Einbandgestaltung nach
einer Radierung von Annette Lucks
2009, 85 S., Br., handgeheftet, EUR 6.50
ISBN 978-3-935421-43-0

Glück ist ein Luxus, den jeder erlangen kann, wie arm er auch bleibe; denn es gehört nicht zu den unerlässlichen Bedingungen unseres Lebens. Es lässt sich führen auch, ohne glücklich zu sein, und manch einer ist im Unglück sehr alt geworden. Aber es ist eine Voraussetzung dafür, dass unser Leben und unsere Selbstwahrnehmung im Einklang sind. Eigentlich ist das Glück nichts anderes als dieser Einklang. Von allem, was sich in der Welt begibt, abhängig, ist es durch nichts zu bewirken, obwohl jede Handlung aller zu jeder Zeit an jedem Ort daran mitwirkt, dass es sich ereigne.

Während die ›Aspekte‹ als Gedankenerträge bedachter Lesefrüchte die Leere seiner Unbestimmbarkeit umkreisen, beschreiben die sich anschließenden ›Momente‹ aphorismenartig aus persönlichem Erleben und Beobachtung anderer stammende Erfahrungssplitter, in denen aufblitzt, was Glück sein kann.

Andreas Steffens

GERADE GENUG

Essays und Miniaturen

2010, 192 S., kartoniert, EUR 16.80

Einband nach einer Malerei von

Shahin Damizadeh

ISBN 978-3-935421-46-1

In seinen Essays und Miniaturen erprobt Steffens einige Motive seiner Rekonstruktion der Anthropologie im Medium der Literatur.
Zum Bedenken der ›großen Fragen‹ braucht es außer Mut zur Selbstüberforderung vor allem Sinn für das Geringfügige. Mögliche Antworten liegen in der Aufmerksamkeit für das Beiläufige geborgen. Das macht die auch geisteswissenschaftlich geübte betriebsame Unterscheidung nach ›Haupt- und Nebensachen‹ eines Autors hinfällig. Für einen, der eine hat, gibt es nur verschiedene Weisen und Wege, sich seiner Sache anzunehmen und sie zur Sprache zu bringen. (aus dem Vorwort)

Inhalt:

Essays: Hinter Vorhängen oder Von der Wahrheit · Vom Gesicht · Gerade genug oder Was wollen wir wissen? · Es sich sagen lassen · In der Fremde · Das Versprechen des Kindes · Werkzeuge für die Werkstatt des Lebens: Schärfung einer Daseinsmetapher · Nietzsche oder Die Sehnsucht nach einem anderen Menschen · Politik als plastische Chirurgie · Splitter im Auge: Wiederkehr des Wirklichen in den Bildern · Selbstbildung · Miniaturen

Andreas Steffens

ONTOANTHROPOLOGIE

ca. 300 Seiten, Broschur, ca. EUR 18.00

ISBN 978-3-935421-55-3

Erscheinungstermin Oktober 2010

Inhalt: Weltvergessen – Überwältigt / Ein anderes Denken / Ein Ende als Anfang: Das Urereignis, das nicht endete / Das ausgeschlagene Erbe: Die gleichgültige Welt / An den Polen des Daseins / Die Welt im Menschen / Weltversagen am Menschen / Die Aufgabe: Ontoanthropologie / Durch die Welten / Kontexte

Bei allem, was sie sonst auch noch sein mag, bietet die neuere Geschichte sich vor allem als ein Kontinuum von Katastrophen dar, die den Menschen immer wieder an sich (ver)zweifeln lassen. In ihnen stellt der Urverdacht aus vergangenen Urzeiten sich als Folge menschlicher Handlungen wieder her: gar nicht in der Welt zu sein. Weltlosigkeit ist der äußerste Schrecken des Menschen. Zu seiner Abwehr ist er zu allem bereit. Und nur zu wenigem in der Lage.
Nicht nur als Schöpfung und Natur, selbst noch als reines Menschenwerk der Geschichte ist die Welt vor allem das, was uns geschieht.
Wir erfahren unsere Welt nicht nur als Außen unserer Wirklichkeiten; wir tragen sie auch in uns. Wir leben nicht nur in der Welt, die Welt lebt auch in uns. Die wesentlichen Geschehnisse unseres Lebens sind ,Ereignisse‹: sie geschehen einem. Man ist ihr Objekt mehr als ihr Subjekt. Wir sind handelnder Teil des Geschehens, das sich an uns vollzieht.
(aus dem Vorwort)

Mit seiner »Ontoanthropologie« legt Steffens eine erste Grundlegung jener »Kulturontologie« vor, deren Erfordernis das Ergebnis seiner geschichtsanthropologischen Bilanz ›Philosophie des 20. Jahrhunderts oder Die Wiederkehr des Menschen‹ (1999) war. Sie führt seine Studien zur Rekonstruktion der Anthropologie im Horizont der Erfahrung der Geschichte fort. Als deren systematisches ›Programm‹ bildet sie den Auftakt zu einer Reihe materialer Untersuchungen der Grundelemente des menschlichen Weltverhältnisses als Basis einer erneuerten ›humanen Selbstbehauptung‹.

Andreas Steffens
HEIMKEHR IN DIE FREMDE
Pariser Ankünfte
Die Besonderen Hefte
ca. 40 S., Br., handgeheftet, EUR 5,50
ISBN 978-3-935421-47-8
Erscheinungstermin Dezember 2010

Keine andere Weltstadt hat so ungebrochen von Generation zu Generation Sehnsüchte geweckt und verzaubert wie Paris. Für manchen wurde die ›Hauptstadt des 19. Jahrhunderts‹ zur Zuflucht und zum Ort der Selbstfindung. An keinem Ort der Welt haben so viele die Verwandlung der Fremde in mögliche Heimat erfahren wie hier. Diese zentrale menschliche Erfahrung wird anhand literarischer Zeugnisse vom Ankommen in Paris konturiert.

Andreas Steffens
OPUSCULA

BildGedacht und SchriftGemalt

ISBN 978-3-935421-52-2
65 S., französische Broschur, EUR 6.50

Was führt den Philosophen, der ein Schriftsteller ist, dazu, zu malen, zu zeichnen? Was führt ihn von der Schrift der Sprache zur Sprache des Bildes?
Dieser Diskurs versucht eine Annäherung an den Wunsch und die Ausführung, die eigenen Worte, die eigene Schrift in eigene Bilder zu übertragen.

Burgund

Eine anthropoästhetische Skizze
56 Seiten, französische Broschur, EUR 6.50
ISBN 978-3-935421-53-9
Als Inbegriff französischer Lebensart, als Paradies der Gourmets und Weinliebhaber, als Refugium gebildeter Ferienlust ist Burgund bekannt; weitgehend unbekannt ist es in seiner historischen Dimension als erstes frühneuzeitliches Labor einer nachmittelalterlichen europäischen Kultur. Aus der Perspektive einer Anthropologie, die nicht mehr darauf angelegt sein kann, ›den‹ Menschen zu bestimmen, sondern das Erscheinen seiner Idee im Bewusstsein erforscht, erinnert der Essay an eine verlorene Möglichkeit der Geschichte: untergegangen, wirkt Burgund bis heute fort.

In den Bordellen der Schaulust

Ausstellungsnotizen
50 Seiten, französische Broschur, EUR 5.50
ISBN 978-3-935421-54-0
In den Museen tragen die Bilder Trauer. In Ausstellungen jedweder Art wollen sie vor Scham vergehen, jedem Blick schutzlos ausgesetzt. Der Blick, der erkennt, wird Anschauung. Die Anschauung realisiert die Würde der Bilder. Schweigend ausgesprochen, wird Gesehenes Schrift. Die Schrift hält fest, woran das Auge sich erinnern will. Die Sammlung von Ausstellungsnotizen aus zwanzig Jahren ist ein Vademecum für den Ausstellungsbesucher, der nicht nur sehen, sondern auch erfahren will, was er sieht.

Texte zur Literatur und literarische Texte